Lesefreunde 2

Ein Lesebuch
für die Grundschule

Herausgegeben von
Irene Hoppe

Erarbeitet von
Kerstin Granz
Marion Gutzmann
Irene Hoppe
und der Redaktion Primarstufe

VOLK UND WISSEN

Herausgegeben von
Irene Hoppe

Erarbeitet von
Kerstin Granz, Marion Gutzmann, Irene Hoppe

Unter Einbeziehung der Ausgabe von
Kerstin Granz, Marion Gutzmann, Irene Hoppe, Rüdiger Kurock, Ruth Schreiter

Unter Beratung von
Simone Adler (Pirna), Dagmar Diewald (Altenburg), Colette Hoffmann (Magdeburg), Katrin Junghänel (Zwickau), Heike Keitel (Wittenberg), Sigrun Nowak (Hohen-Neuendorf), Gerhild Schenk (Werneuchen)

Redaktion: Mirjam Löwen, Monika Gade
Bildredaktion (Fotos): Peter Hartmann
Illustrationen: Christa Unzner, Uta Bettzieche (Hund + Detektiv), Originalillustrationen
Umschlaggestaltung: tritopp, Berlin, Christa Unzner (Illustration)
Layout und technische Umsetzung: tritopp, Berlin

www.vwv.de

1. Auflage, 1. Druck 2010

Die Internetadressen und -dateien, die in diesem Lehrwerk angegeben sind, wurden vor Drucklegung geprüft. Der Verlag übernimmt keine Gewähr für die Aktualität und den Inhalt dieser Adressen und Dateien oder solcher, die mit ihnen verlinkt sind.

Dieses Werk berücksichtigt die Regeln der reformierten Rechtschreibung

Alle Drucke dieser Auflage sind inhaltlich unverändert und können im Unterricht nebeneinander verwendet werden.

© 2010 Cornelsen Verlag/Volk und Wissen Verlag, Berlin

Das Werk und seine Teile sind urheberrechtlich geschützt.
Jede Nutzung in anderen als den gesetzlich zugelassenen Fällen bedarf der vorherigen schriftlichen Einwilligung des Verlages.
Hinweis zu den §§ 46, 52a UrhG: Weder das Werk noch seine Teile dürfen ohne eine solche Einwilligung eingescannt und in ein Netzwerk eingestellt oder sonst öffentlich zugänglich gemacht werden.
Dies gilt auch für Intranets von Schulen und sonstigen Bildungseinrichtungen.

Druck: CS-Druck CornelsenStürtz, Berlin

ISBN 978-3-06-081148-9

 Inhalt gedruckt auf säurefreiem Papier aus nachhaltiger Forstwirtschaft.

Inhalt

In der Schule

- 7 Ich …
- 8 So kannst du Texte ganz genau lesen
- 9 Zirkus-Schule · *Ute Andresen*
- 10 Immer länger …
- 11 Suchmeldungen
- 12 In der Kuchenfabrik · *Franz Fühmann*
- 13 Eine Quatschgeschichte · *Elisabeth Stiemert*
- 14 Abzählreime
- 15 Fang-Spiele in der Pause
- 16 Ein Yak mit Axt · *Nadia Budde*
- 17 Wenn das M nicht wär erfunden · *nach James Krüss*
- 18 Eine Buchstabenrolle basteln
- 20 Gemeinsam sind wir Klasse! · *Franz-Joseph Huainigg*
- 22 Der Weg zur Schule · *Heinrich Hoffmann von Fallersleben*
- 23 Jakob und der große Junge · *Paul Maar*
- 24 Magazin: In der Schule
- 25 u oder n? · *Paul Maar*
- 26 Hexe Lilli zaubert Hausaufgaben · *KNISTER*
- 27 Nicht vergessen: Hausaufgaben
- 28 Abc-Reime / Mein Abc-Reim

Im Herbst

- 29 Herbst · *Georg Bydlinski*
- 30 So kannst du ein Gedicht zum Vorlesen vorbereiten
  Herbstlied · *Johann Gaudenz Freiherr von Salis-Seewis*
- 31 Vogelabschied · *Bruno Horst Bull*
- 32 Schnupfenzeit · *KNISTER* / Nasenküsse · *Rolf Zukowski*
- 33 Schnupfengefahr
- 34 Magazin: Im Herbst
- 36 Was der Nebel fertigbringt · *Hans Baumann*
- 37 Herbst-Elfchen · *Magdalena, Semy*
- 38 Der kleine Siebenschläfer · *Susanne Riha*
- 40 Der Igel · *nach Juri Dimitrijew*
- 41 Mehr über den Igel
- 42 Die Legende vom heiligen Martin
- 43 Ich geh mit meiner Laterne
- 44 Im Oktober · *Josef Guggenmos*   Blätterfall · *Erna Fritzke*
  Blätter auf Blättern · *Andy Goldsworthy*

Miteinander leben

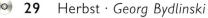

- 45 Die Sonntagmorgenmeise · *Reiner Kunze*
- 46 So kannst du Aussagen in einem Text finden
- 47 Von wegen süß! · *Bettina Obrecht*
- 48 Die Kinder aus der Krachmacherstraße · *Astrid Lindgren*

3

🔵	50	Manches ist bei Paule anders · *Kirsten Boie*
	51	Familien
🔵	52	Anna und das Baby · *Manfred Mai*
	53	Meine Schwester und ich · *Regina Schwarz*
		Jetzt hol ich mir einen neuen Bruder · *Brigitte Raab*
	54	Alltagsmutter – Sonntagsvater · *Cornelia Nitsch*
	55	Nach einem Streit · *Regina Schwarz*
	56	Magazin: Miteinander leben Der Bauklotz · *Uta Bettzieche nach Paul Maar*
🔵	58	Liebste Mecker-Oma · *Elisabeth Zöller*
	59	Der Lehnstuhl · *Erwin Moser*
	60	Deckst du mich abends zu … · *Angela Sommer-Bodenberg*

Märchenzeit

	61	Hänsel und Gretel …
	62	So kannst du dir besser vorstellen, was du liest
	63	November · *Elisabeth Borchers*
🔵	64	Märchen-Reime
	65	Der goldene Schlüssel · *Brüder Grimm*
	66	Die große Rübe · *Russisches Volksmärchen*
	68	Prinzessin auf der Erbse · *nach Hans Christian Andersen*
	69	Märchen-Lesekiste: Prinzessin auf der Erbse
	70	Magazin: Märchenzeit
🔵	72	Im Haus der Großmutter · *Brüder Grimm*
🔵	73	Rotkäppchen · *Manfred Mai*
🔵	74	Vom dicken, fetten Pfannkuchen · *Deutsches Volksmärchen*
	76	Märchen-Adressen · *Erwin Grosche*

Im Winter

	77	Wenn es schneit · *Heinz Janisch*
	78	So kannst du Gedichte untersuchen
🔵	79	Die drei Spatzen · *Christian Morgenstern* Beobachtung · *Max Kruse*
🔵	80	Die Geschichte vom beschenkten Nikolaus · *Alfons Schweiggert*
	82	Magazin: Im Winter
🔵	84	Die Weihnachtsgeschichte · *nach Lukas 2, 1–7*
	85	Die Weihnachtsgeschichte im Kamishibai
	86	Wünsche zum neuen Jahr
	87	Neujahr · *Alfons Schweiggert*
	88	Die Mutprobe · *Sabine Rahn*
	90	Die Sonne kitzelt schon unter der Mütze · *Günter Saalmann*

Das tut mir gut

	91	Wir · *Anne Steinwart*
	92	So kannst du mit anderen über einen Text sprechen
	93	Ich bin ein Wunder · *Klaus Kordon*
🔵	94	Ich kann was Tolles · *nach Leo Löwe*
	95	Der Rollstuhl · *Margaret Klare*
🔵	96	Wann Freunde wichtig sind · *Georg Bydlinski*

	97	Sandkastenfreunde
	98	Magazin: Das tut mir gut
	99	Hallo, t! · *Paul Maar*
	100	Sinan und Felix · *Aygen-Sibel Çelik*
◎	102	Vom Streiten und Dröhnen und schönen Sichversöhnen · *Gerda Anger-Schmidt*
	104	Leicht und schwer · *Manfred Mai*

Im Frühling

	105	Frühling ist dann …
	106	So kannst du ein Gedicht auswendig lernen
	107	Frühling · *Christine Nöstlinger*
◎	108	Die Tulpe · *Josef Guggenmos*
◎	109	Frühlingsboten · *Theodor Storm, Janosch, Heinz Kahlau, Bertolt Brecht, Volksgut*
	110	Ostermorgen · *Werner Lindemann*
	111	Kleine Ostergeschenke
	112	Magazin: Im Frühling
◎	113	Auf ein Osterei zu schreiben · *Josef Guggenmos*
◎	114	Störche
	115	„Live" im Storchennest
	116	Das Geburtstagsgeschenk · *Sven Nordqvist*
	117	So ein verrückter Tag · *Erich Jooß*
	118	„Ich habe dich lieb" – Tage im Frühling · *Joachim Ringelnatz, Peter Härtling*

Mit Tieren leben

	119	Auf der Erde neben mir · *Frantz Wittkamp*
	120	So kannst du einen Text mit eigenen Worten wiedergeben
	121	Wie pflegen Nagetiere ihr Gebiss?
	122	Das Kaninchen
◎	123	Inga · *Arnold Grömminger*
	124	Katzensprache · *Edith Thabet, Sabine Dreyer* Fragen an Katzenkenner
	125	Für Katzenliebhaber
	126	Matthias · *Gina Ruck-Pauquèt*
	127	Ein Hundegeschenk
	128	Magazin: Mit Tieren leben
	130	Kleine Tiere auf der Wiese
	132	Ein Gespräch · *Paul Maar*

Bei uns und anderswo

133	Was ich dir wünsch? · *Elisabeth Borchers*
134	So kannst du schnell Informationen in verschiedenen Texten finden
135	Wie Menschen wohnen – überall auf der Welt
136	Die Welt der Sprachen
137	Wir verstehen uns alle sehr gut
138	Neuigkeiten aus aller Welt
139	Essen anderswo – zum Beispiel in Japan · *Verena Lugert*
140	Magazin: Bei uns und anderswo
142	Gute Freunde · *John Kilaka*
144	Tiere in Tansania · *Salah Naoura*

| 145 | Spiele rund um die Welt |
| 146 | Domino – ein Spiel geht um die Welt |

In der Bibliothek

147	Nimm ein Buch · *Wolf Harranth*
148	So kannst du herausfinden, zu welchem Lesetyp du gehörst
149	Lesevorlieben Das Lesen · *James Krüss*
150	Steckbrief für Lese-, Seh- und Hörfreunde
151	Ich höre, sehe, lese gern …
152	In der Bibliothek
154	Tim entdeckt Finn McCool · *Eoin Colfer*
156	Magazin: In der Bibliothek
158	Vorlesezeit
159	Drehbücherei: Alles dreht sich um dieses Buch
160	Ein Abc voller Bücher

Unheimliches und Spannendes

161	Angst haben
162	So kannst du ein Buch vorstellen
163	Luno und der blaue Planet · *Frauke Nahrgang*
164	Gespensterjäger auf eisiger Spur · *Cornelia Funke*
165	Angst geh weg! · *KNISTER*
166	Magazin: Unheimliches und Spannendes Zauberspruch · *Max Kruse*
168	Flusi, das Sockenmonster · *Bine Brändle*
169	Die häufigsten Gespensterarten · *Hajo Blank*
170	Schule für junge Vampire und Gespenster · *nach Jutta Radel*
172	Ein süßes Gespenst

Im Sommer

173	Eine Lerche
174	So kannst du Texte untersuchen und vergleichen
175	Gewitter · *Werner Lindemann* Das Gewitter · *Angela Weinhold*
176	Trarira, der Sommer, der ist da! Obstgarten mit Rosen · *Gustav Klimt*
177	Sommerlied · *Barbara Cratzius* Der Sommer
178	Die Delfine · *Tanya Stewner*
179	Gibt es in der Nordsee Delfine?
180	Fremde Worte · *Cornelia Funke* Idiotische Spiele · *Cordula Tollmien*
181	ebbe/flut · *Timm Ulrichs* Die Luftmatratze · *Erwin Grosche*
182	Magazin: Im Sommer
184	Piraten · *Ingo Siegner*
185	Auf zur Piraten-Party!
186	Ferienfundstücke

🟨 Lesetraining
🟦 Magazin (Leseübung)
🟧 Freundeseite

187	**Fachbegriffe (Glossar)**
188	**Lösungen**
189	**Inhalt nach dem Abc**
191	**Quellen**

In der Schule

Ich …
Ich lese.
Ich lese schon.
Ich lese schon immer.
Ich lese schon immer besser.

Lesetraining *In der Schule*

So kannst du Texte ganz genau lesen

→ **Tipp 1: eine Zeile im Text suchen**

Lies die Aufgabe zum Text.
In welcher Zeile sollst du suchen?
Lies die Zeile genau.
Löse die Aufgabe.

Nutze die Zahlen am Anfang der Zeile.

1 Rings um das Zir...
2 In einem der Wage...
3 sitzen jeden Morgen
4 Zirkus-Kinder.
5 Sie sitzen in der Zir...
  Was lernen sie d...

→ **Tipp 2: die passende Stelle zum Bild finden**

Was siehst du auf dem Bild?
Suche danach im Text.
Lies genau. Passt die Stelle zum Bild?
Setze einen Spielstein
auf die richtige Textstelle.

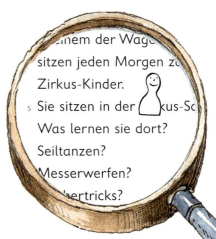

...nem der Wage...
sitzen jeden Morgen z...
Zirkus-Kinder.
5 Sie sitzen in der ...kus-S...
Was lernen sie dort?
Seiltanzen?
Messerwerfen?
...bertricks?

8 ○ Texte genau lesen

In der Schule

Zirkus-Schule

1 Rings um das Zirkus-Zelt stehen Wagen.
2 In einem der Wagen
3 sitzen jeden Morgen zehn Kinder,
4 Zirkus-Kinder.
5 Sie sitzen in der Zirkus-Schule.
6 Was lernen sie dort?
7 Seiltanzen?
8 Messerwerfen?
9 Zaubertricks?
10 Nein!
11 Sie lernen,
12 was alle Kinder in der Schule lernen:
13 Schreiben,
14 Lesen,
15 Rechnen.
16 Aber nach der Schule,
17 da üben sie Kunststücke,
18 z.B.*
19 Zebra-Tanz zu dritt.

Ute Andresen

*zum Beispiel (Abkürzung)

■ Wie viele Kinder sitzen jeden Morgen in einem Wagen?
Lies Zeile 3 genau.

■ Was siehst du auf Bild 1? Suche die passende Stelle im Text.

○ Texte genau lesen

9

In der Schule

Immer länger …

Zirkus
Zirkuskinder
Zirkuskinder**spiel**
Zirkuskinder**spiel**platz

Hunde
Hundetrampolin
Hundetrampolin**kunst**
Hundetrampolin**kunst**stück

Aber …
Aber ich …
Aber ich freue mich.
Aber ich freue mich über nichts.
Aber ich freue mich über nichts mehr.
Aber ich freue mich über nichts mehr als über lustige Lehrer.

1 Mein Hund …
2 Mein Hund geht.
3 Mein Hund geht gern.
4 Mein Hund geht gern in die Schule.
5 Mein Hund geht gern in die Hundeschule.

🟥 Übe mit einem Partnerkind das genaue Lesen.
Wähle einen Text aus.
Lies zuerst langsam und genau und dann immer schneller.

🟥 Was siehst du auf dem Bild mit dem Hund? Welche Textstelle passt dazu?

In der Schule

Suchmeldungen

See sucht Fisch,
Schüler sucht ☐☐☐☐☐☐ .

Kuh sucht Weide,
Tafel sucht ☐☐☐☐☐☐☐ .

Licht sucht Schimmer,
Lehrer sucht ☐☐☐☐☐☐☐ .

Ski sucht Lift,
Blei sucht ☐☐☐☐☐☐ .

Glas sucht Flasche,
Feder sucht ☐☐☐☐☐☐☐ .

Fass sucht Brause,
Hof sucht ☐☐☐☐☐ .

Hand sucht Tuch,
Märchen sucht ☐☐☐☐ .

■ Welche Wörter verstehst du nicht?
Schreibe jedes Wort auf einen Zettel.
Frage nach, was die Wörter bedeuten.

Lift   *Schimmer*

○ bei Verständnisschwierigkeiten Verstehenshilfen anwenden: nachfragen

In der Schule

In der Kuchenfabrik

1 Im Streuselkuchen ist Streusel,
2 im Pflaumenkuchen sind Pflaum',
3 im Marzipankuchen ist Marzipan,
4 im Baumkuchen ist ein Baum.

5 Im Kirschkuchen sind Kirschen,
6 im Obstkuchen ist Obst,
7 im Reibekuchen eine Küchenreibe,
8 ich hoffe, dass du ihn lobst.

9 Im Käsekuchen ist Käse,
10 im Hundekuchen ein Hund,
11 und wenn der Jens so weiterfrisst,
12 wird er noch kugelrund.

Franz Fühmann

Im Zitronenkuchen sind …
im Apfelkuchen sind …
im Mandarinenkuchen sind …
im Papageienkuchen ist ein …

Im Kartoffelkuchen sind …
im Zwiebel …
im Schneewittchen …
im …

- Wie findest du das Gedicht von Franz Fühmann? Warum?
- Zu welcher Zeile gehört das Bild mit dem Baum?

Ist das Gedicht lustig oder traurig?

In der Schule

Eine Quatschgeschichte

Eine Lehrerin ist aus der Klasse gegangen,
und die Schulkinder waren
einen Augenblick ganz alleine.
Sie sind von ihren Stühlen aufgestanden.
5 Sie sind in der Klasse herumgerannt.
Sie sind auf die Tische geklettert.
Sie haben sich auf dem Fußboden gewälzt.
Sie haben ganz dollen Quatsch gemacht.
Und es ist laut gewesen, so laut!
10 Die Lehrerin hat es draußen gehört.
Sie ist ganz schnell gekommen.
Sie hat die Tür aufgemacht, und sie hat …

> Angeführt! Angeführt!
> Die Lehrerin hat nicht geschimpft.
> Sie hat gelacht.
> Sie hat nämlich auch gerne
> Quatsch gemacht.

Elisabeth Stiemert

Warum heißt die Geschichte „Eine Quatschgeschichte"?

■ Überlege, was die Lehrerin tun könnte.
Tausche dich mit einem Partnerkind aus.
Lies dann das Ende der Geschichte im Kasten.

eigene Gedanken zu Texten entwickeln, zu Texten Stellung nehmen, mit anderen über Texte sprechen

In der Schule

Abzählreime

Eins, zwei, drei, vier, fünf,
Stiefel, Schuh und Strümpf,
Strümpfe, Stiefel, Schuh,
weg bist du.

Eins, zwei, drei, vier,
die Maus sitzt am Klavier,
am Klavier sitzt eine Maus,
und du bist raus.

Mein Bruder, mein Bruder
sitzt immer am Computer.
Er geht nie aus dem Haus,
und du bist raus.

Türkischer Abzählreim

O pitti, pitti
karamela sepeti
terazi lastik
jimnastik
son dersimiz matematik.

1–2–3,
du bist ...

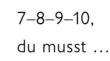
7–8–9–10,
du musst ...

■ Welcher Abzählreim gefällt dir besonders gut? Warum?
   Trage den Reim einem Partnerkind vor.

■ Welche Wörter im türkischen Abzählreim kannst du verstehen?

Texte begründet auswählen und vortragen
bei Verständnisschwierigkeiten Verstehenshilfen anwenden

In der Schule

Fang-Spiele in der Pause

Elefanten-Hasche

Du bist der Fänger.
Strecke deinen rechten Arm aus.
Nun umspanne ihn mit dem linken so,
5 dass du mit der linken Hand
deine eigene Nase anfassen kannst.
Jetzt hast du einen „Rüssel".
Mit diesem „Rüssel" schlägst du
ein Kind ab. Das abgeschlagene Kind
10 ist nun der Fänger.

Schatten-Fange

Das ist ein Spiel für Sonnenwetter.
Du bist Fänger. Versuche,
den Schatten eines Mitspielers
5 mit dem Fuß zu berühren.
Das Kind, dessen Schatten
gehascht wurde, scheidet aus.

■ Suche dir ein Bild aus.
Welche Stelle im Text daneben passt genau?

○ Texte genau lesen

In der Schule

Ein Yak mit Axt

EIN YAK MIT AXT UND TEXASHUT
WAR X-MAL SCHON IN MEXIKO.
DIE EXTRA HOHEN YUCCA-PALMEN
GEFALLEN IHM EXTREM GUT.

Nadia Budde

■ Was ist ein Yak?
Frage einen Tier-Experten.

In der Schule

Wenn das M nicht wär erfunden

Wenn das **M** nicht wär erfunden,
wäre manches schief und krumm.
Denn dann hießen **M**ax und **M**oritz
Ax und Oritz. Das wär dumm.

Wenn das **S** nicht wär erfunden,
wäre manches schief und krumm.
Denn dann hieße die **S**abine
nur Abine. Das wär dumm.

Wenn das … nicht wär erfunden,
wäre manches schief und krumm.
Denn dann hieße …
nur … Das wär dumm.

nach James Krüss

🟥 Probiere die letzte <u>Strophe</u> mit deinem Namen.

handelnd mit Texten umgehen 17

In der Schule

Eine Buchstabenrolle basteln

In einer Buchstabenwerkstatt könnt ihr zu jedem Buchstaben des Alphabets eine Buchstabenrolle gestalten.
So wiederholt ihr das Abc.
Ihr könnt zu zweit oder in der Gruppe arbeiten.

So geht es:
1. Besorgt euch eine leere   .
2. Teilt alle Buchstaben vom Abc unter euch auf.
3. Gestaltet einen passenden Bogen Papier
   zu eurem Buchstaben. Beklebt die Rolle damit.
4. Füllt die   zu eurem Buchstaben.
   Nutzt die Ideen der Seiten 18 und 19.

In der Schule

Das kannst du zum Qu sammeln oder auf einem Blatt gestalten:

- Wörter
- Gegenstände
- ein Rätsel
- einen Zungenbrecher
- einen Reim
- eine Speise oder ein Getränk
- den Buchstaben in verschiedener Schrift
- ein Buchstabenbild
- …

■ Welche Ideen aus der Liste sind schon auf der Rolle?

■ Was ist ein Zungenbrecher? Erkläre einem Partnerkind das Wort.

○ Texte genau lesen
○ bei Verständnisschwierigkeiten Verstehenshilfen anwenden: nachfragen

In der Schule

Gemeinsam sind wir Klasse!

Bernhard, Max und Florian lernen mit anderen Kindern in einer Klasse. Diese Schulklasse besuchen behinderte und nicht behinderte Kinder gemeinsam. Sie lernen sehr viel voneinander.

Nach der Pause haben sie Rechnen.
5 Es werden Gruppen gebildet.
Jede Gruppe hat eine andere Aufgabe.
Max hat eine besondere Aufgabe.
Er muss alle Kinder aufzeichnen und zählen.

Am Ende der Stunde verkündet jedes Kind seine Lösung.
10 Max zeigt stolz seine Zeichnung.
Er hat niemanden vergessen.
Nur die Zahl 14 unter seiner Zeichnung stimmt nicht.
„Das ist falsch. Wir sind doch fünfzehn!", ruft Bernhard.
„Wahrscheinlich hat Max vergessen sich selbst mitzuzählen",
15 meint die Lehrerin.
Max nickt.
Alle lachen und klatschen.

Nur Bernhard klatscht nicht.
„Ich kann schon bis tausend zählen, und das richtig!", sagt er laut.
20 „Bravo, Bernhard!", sagt Florian.
„Dann klatschen wir jetzt auch für dich."
Bernhard wird rot vor Zorn.

In der Schule

„Halt", sagt die Lehrerin, „Hört auf damit, euch zu vergleichen.
Es kann eben einer das eine besser und das andere schlechter.
25 Niemand kann alles gleich gut können.
Wichtig ist, dass jeder versucht, sein Bestes zu geben.
Das gilt für Max ebenso wie für Bernhard."

Franz-Joseph Huainigg

■ Was denkst du über Max? Begründe.

bei der Beschäftigung mit literarischen Texten Sensibilität und Verständnis
für Gedanken und Gefühle und zwischenmenschliche Beziehungen zeigen

In der Schule

Der Weg zur Schule

Im Winter, wenn es frieret,
im Winter, wenn es schneit,
dann ist der Weg zur Schule
fürwahr noch mal so weit.

Und wenn der Kuckuck rufet,
dann ist der Frühling da;
dann ist der Weg zur Schule
fürwahr noch mal so nah.

Wer aber gerne lernet,
dem ist kein Weg zu fern.
Im Frühling wie im Winter
geh ich zur Schule gern.

Heinrich Hoffmann von Fallersleben

■ Welche Wörter kennst du nicht?
Frage nach, was sie bedeuten.

22 ○ bei Verständnisschwierigkeiten Verstehenshilfen anwenden: nachfragen

In der Schule

Jakob und der große Junge

*Jakob geht nicht mehr gern zur Schule. Unterwegs wartet jeden Tag
ein großer Junge auf ihn. Der große Junge ist viel älter als Jakob und viel,
viel stärker. Eines Tages kriegt Jakob unerwartet Hilfe.*

Der große Junge steht diesmal
5 hinter einer Hausecke.
„Hast du mein Geld?", fragt er sofort.
Jakob schüttelt den Kopf.
„Dann kannst du was erleben!",
sagt der große Junge.

10 „He, lass den Stöpsel gefälligst in Ruhe, ja?!",
sagt das Mädchen.
Der große Junge lässt von Jakob ab.
Dann geht alles blitzschnell. Das Mädchen packt
den großen Jungen am Arm, stellt ihm gleichzeitig ein Bein,
15 macht eine kurze Bewegung – und der große Junge
überschlägt sich und sitzt verdattert auf der Straße.
Er steht auf und will sich auf das Mädchen stürzen:
Aber sie hat ihn schon wieder am Arm gefasst.
Diesmal landet er noch schneller auf dem Boden.
20 Und dazu noch in einer Pfütze.

Stumm steht der große Junge auf und geht weg.

Paul Maar

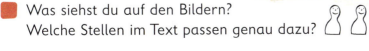 Was siehst du auf den Bildern?
Welche Stellen im Text passen genau dazu?

Magazin

In der Schule

Was bleibt übrig?

Der Bleistift kann — Tintenwörter löschen.

Der Füller kann — graue Linien zeichnen.

Der Buntstift kann — Kreise zeichnen.

Der Zirkel kann — Bleistiftlinien radieren.

Der Tintenkiller kann — Tintenwörter schreiben.

Der Radiergummi kann — Wörter füllern.

etwas bunt ausmalen.

Lösungen S.188

In der Schule

Finde die fünf Unterschiede

In jeder Zeile steckt ein Kuckucksei

In die Federtasche gehören Buntstifte, Bleistifte, Buntspechte und ein Radiergummi.
Im Klassenraum stehen Bänke, Schränke, Regale und Wale.
Auf dem Pausenhof kann man spielen, rudern, essen und quatschen.
In der Turnhalle gibt es Bälle, Beete, Bänke und Matten.

Paul Maar

In der Schule

Hexe Lilli zaubert Hausaufgaben

Lilli hat ein ganz besonderes Buch. Ein Hexenbuch!
Lilli hat keine Lust auf Hausaufgaben.
Ob das Hexenbuch ihr beim Rechnen helfen kann?

Das Wort Rechnen beginnt mit dem Buchstaben R.
5 Also sucht Lilli
unter dem Buchstaben R.
In der ersten Zeile mit R steht:
Raben reden respektlos!
Rat: Regelmäßig rupfen.

10 Sechs Zeilen weiter
findet Lilli die Worte
„Rechne restlos richtig."
Dahinter steht
die Seitenzahl 1842.
15 Oje, so eine große Zahl
kann Lilli noch gar nicht lesen.

Aber Lilli ist schlau!
Sie merkt sich einfach
die einzelnen Zahlen
20 in der richtigen Reihenfolge.
Zuerst eine Eins,
dann eine Acht,
dann eine Vier
und zum Schluss eine Zwei.
25 Ein guter Trick!
Bald hat Lilli die richtige Seite gefunden.
Was steht da ganz oben?

KNISTER

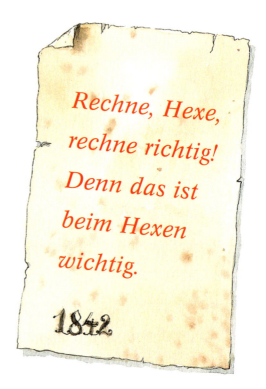

Was stimmt?
- Lilli hat ein Hexenbuch.
- Lilli kann schon eine große Zahl lesen.
- Lilli merkt sich einzelne Zahlen.
- Lilli findet die richtige Seite.

In der Schule

Nicht vergessen: Hausaufgaben

Wenn du deine Hausaufgaben nicht vergessen willst,
kann dir ein Hausaufgabenheft helfen.

Hausaufgaben der Woche		vom 02.09. bis 06.09.	
Montag D		Fotos zum M sammeln	D **Donnerstag**
Ma			SU
Ku		S. 7, Nr. 4	Ma
D		Kastanienblatt	Ku
Dienstag D	S. 10, Reim lesen		Sp **Freitag**
En		Aufgaben mit Zehnern suchen	Ma
Sp		Bild zu S. 11 malen	D
SU		Lieblingsbuch	D
Mittwoch Ma	S. 6, Nr. 2, 3		
D	zehn Wörter mit sch sammeln		
D			
Mu	Melodie ausdenken		
Sp			

🟥 Lies genau. Beantworte die Fragen:
  • An welchem Wochentag haben die Kinder kein Mathe?
  • Welche Hausaufgabe sollen die Kinder in Musik machen?
🟥 Denke dir eine Frage aus. Stelle sie einem Partnerkind.

gezielt einzelne Informationen suchen
verschiedene Sorten von Sach- und Gebrauchstexten kennen   **AH** S. 10

Freundeseite *In der Schule*

Abc-Reime

ABCD,
wenn ich zur Schule geh,
EFGH,
sind immer Freunde da,
IJKL,
beim Helfen gleich zur Stell,
MNOP,
bald tut der Kopf mir weh,
QRSTU,
dann brauch ich endlich Ruh,
VW und X,
nur lernen, das bringt nix,
Y und Z,
mit Spaß wird es erst nett.

der Bauch tut mir so weh,

ab ins Bett.

🟧 Erfinde eine Melodie zu diesen Reimen. Es kann auch ein Buchstaben-Rap werden. Gestalte einen Buchstaben als Figur. Schenke ihn einer Freundin oder einem Freund.

Mein Abc-Reim

ABCDE, *darüber bin ich froh,*
...
FGHIJK, *doch Mama, die ist da,*
...
LMNO,
...
PQRST, *es geht alles fix*
...
UVWX,
...
YZ, *Mama kocht mir Tee,*
...

28 handelnd mit Texten umgehen

Im Herbst

Herbst
Die Bäume brauchen ihr Laub nicht mehr.
Die kahlen Äste tragen jetzt
Vögel.

Georg Bydlinski

Lesetraining Im Herbst

So kannst du ein Gedicht zum Vorlesen vorbereiten

Herbstlied
Bunt sind schon die Wälder, |
gelb die Stoppelfelder |
und der Herbst beginnt. ||
Rote Blätter fallen, |
graue Nebel wallen, |
kühler weht der Wind. ||

Johann Gaudenz Freiherr von Salis-Seewis

→ **1. Schritt: unbekannte Wörter klären**
Lies das Gedicht leise.
Kläre Wörter, die du nicht verstanden hast.

→ **2. Schritt: schwierige Wörter üben**
Schreibe schwierige Wörter ab
und setze Silbenbögen darunter.

→ **3. Schritt: Gedichtvortrag überlegen und üben**
• Überlege, wie du das Gedicht vortragen kannst:
Fröhlich oder traurig? Leise oder …?
• Mache sinnvolle Pausen:
– am Zeilenende |
– wenn ein Satz beendet ist ||
– am Ende einer Strophe ||

und der Herbst beginnt. ||

• Lies das Gedicht mehrmals laut, bis du es gut kannst.

→ **4. Schritt: Gedicht vortragen**
Trage das Gedicht einem Partnerkind vor.
Dein Partnerkind sagt dir, was du noch
verbessern kannst.

30 selbst gewählte Texte zum Vorlesen vorbereiten und sinngestaltend vorlesen

Im Herbst

Vogelabschied

Es kommt die Zeit,
es kommt die Zeit,
wir ordnen uns zu Zügen.
Wir müssen weit,
wir müssen weit
und fliegen, fliegen, fliegen.

Es fällt so schwer,
es fällt so schwer,
zu scheiden, liebe Kinder.
Wir fürchten sehr,
wir fürchten sehr
den Winter, Winter, Winter.

Bruno Horst Bull

■ Bereite dich auf einen Gedichtvortrag vor.
Denke an passende Pausen.

Im Herbst

Schnupfenzeit

Wenn bei Kindern Nasen laufen,
Eltern sich die Haare raufen,
ist es wieder mal so weit:
Ohren-, Halsweh-, Schnupfenzeit.

Kindernasen blinken rot,
Ohrenschmerzen machen Not.
„Mama, hilf, ich riech nichts mehr,
und das Schlucken fällt mir schwer!"
„Hab Geduld, du wirst schon sehen,
morgen wird's dir besser gehen!"

Und wenn das Kind – gesund – kann scherzen,
beginnt's in Mamas Hals zu schmerzen …

KNISTER

Nasenküsse schmecken gut,
Nasenküsse gehn ins Blut,
aber eines muss man wissen:
Man soll nie mit Schnupfen küssen!

Rolf Zuckowski

■ Im Gedicht **Schnupfenzeit** spricht einmal ein Kind und einmal eine Mutter.
Lies die Stellen so, dass man sich Mutter und Kind gut vorstellen kann.

Im Herbst

Schnupfengefahr

Überall lauern Krankheitserreger auf uns.
Sie heißen Viren (sprich: Wieren).
Man kann sie nicht einmal
mit der Lupe erkennen,
5 so klein sind sie.
Wenn wir frieren, sehr müde und
schlapp sind, ist unser Körper geschwächt.
Dann schleichen sich die **Viren** über die Nase
und den Mund in unseren Körper ein.
10 Wir bekommen Schnupfen, Husten, Halsweh.
Manchmal müssen wir sogar im Bett bleiben,
weil wir Fieber haben.
Eine solche Erkältung ist aber nicht so gefährlich.
Nach einer Woche ist meist schon alles vorbei.

Suche das Wort **Viren**. Lies den ganzen Satz.
Wie kommen Viren in unseren Körper? Erkläre.

Magazin

Im Herbst

Drei Tiere im Laub

Laub	Laub	Laub	Laub	Laub	Laub	Laub	Laub	Laub	Laub	Laub
Laub	Maus	Laub	Laub	Laub	Laub	Laub	Laub	Laub	Laub	Laub
Laub	Laub	Laub	Laub	Laub	Laub	Laub	Laub	Laub	Laub	Laub
Laub	Laub	Laub	Laub	Laub	Laub	Laub	Laub	Laub	Laub	Laub
Laub	Laub	Laub	Laub	Laub	Laub	Laub	Laub	Laub	Igel	Laub
Laub	Laub	Laub	Laub	Laub	Laub	Laub	Laub	Laus	Laub	Laub
Laub	Laub	Laub	Laub	Laub	Laub	Laub	Laub	Laub	Laub	Laub

Obstsalat aus fünf Früchten

BEN   BIR   NEN
FEL   PFLAU   NÜS   ÄP   SE
TRAU   MEN

Lach dich stachelig!

Ein kleiner Igel hat sich in einer Nacht in einem Gewächshaus verlaufen. Jedes Mal wenn er einen Kaktus berührt, quiekt er: „Mama, bist du es?"

Lösungen S. 188

Im Herbst

Natur-Merkspiel

Du brauchst:
- Herbstfrüchte (Kastanien, Eicheln, Nüsse, Bucheckern, Hagebutten, Zapfen, …)
- leere Rollen vom Toilettenpapier
- Stifte, Kleber

So geht es:
- Schneide die Papierrollen der Länge nach mit der Schere in zwei Hälften.
- Nimm jeweils eine Frucht und klebe sie auf eine Hälfte.
- Beschrifte nun die andere Hälfte mit dem Namen der Frucht.
- Nun kann das Merk-Spiel starten.

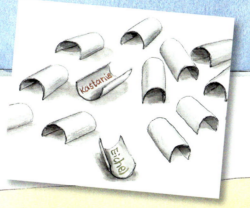

Spielregel
Decke immer zwei Hälften auf.
Wenn du die Frucht und die passende Beschriftung findest, hast du ein Paar. Wenn nicht, so verdecke die Hälften und merke dir gut, was darunter liegt.

Lösungen S.188

Im Herbst

Was der Nebel fertigbringt

Er setzt jedem Busch einen Zauberhut auf,
und die Büsche sind nicht mehr zu sehen.

Er setzt jedem Baum einen Zauberhut auf,
und die Bäume sind nicht mehr zu sehen.

Er setzt jedem Haus einen Zauberhut auf,
und die Häuser sind nicht mehr zu sehen.

Er setzt jedem Berg einen Zauberhut auf,
und die Berge sind nicht mehr zu sehen.

Setzt er sich dann selbst einen Zauberhut auf,
ist der Nebel nicht mehr zu sehen –

und Berge und Häuser fern und nah
und Bäume und Büsche sind wieder da.

Hans Baumann

■ Wie ist die Welt, wenn der Nebel verschwindet?
Lies die letzten vier Zeilen so vor, dass man es merkt.

Im Herbst

Herbst-Elfchen

Herbstsonne
scheint hell
Blätter fallen runter
Sonnenschein in goldenen Blättern
schön

Magdalena

Novemberregen
du nasser
du bist schön
ich mag deine Pfützen
patsch

Vanessa

Sturm
... ...
... ...
... ...
...

Nebel
morgens aufwachen
alles ist trüb
Nebelsuppe vor dem Fenster
grau

Semy

Herbstwind
so heftig
du wunderbarer Wind
du lässt Drachen steigen
Super

Tobias

■ Elfchen sind Gedichte.
Finde heraus, wie man ein Elfchen schreibt.

Erzähltexte, lyrische und szenische Texte kennen und unterscheiden   37

Im Herbst

Der kleine Siebenschläfer

Der kleine Siebenschläfer
möchte spielen.
Er sucht seine Freunde.
Doch das Nest der
Haselmaus ist heute leer.

Auch der Frosch
ist nirgends zu sehen.
Die anderen Siebenschläfer
sind nicht mehr in
der Scheune.

Der Igel hat sich ins
Laub eingegraben und schläft.
Was ist bloß
mit den Freunden los?
Nur ein Hase schaut
dem kleinen Siebenschläfer
erstaunt nach.

Vom langen Suchen ist
der kleine Siebenschläfer
hungrig geworden.
Aber er findet nur
eine einzige Himbeere.

Im Herbst

Traurig setzt sich der kleine Siebenschläfer ins Laub.
Auch die Meise findet kein Futter mehr.

Der kleine Siebenschläfer ist müde und friert.
Plötzlich fallen weiße Flocken auf sein Fell.

Am liebsten würde er jetzt einschlafen –
aber doch nicht hier draußen, im Schnee!
Er braucht doch genauso wie Haselmaus, Frosch und Igel ein warmes Plätzchen für den Winterschlaf!

Rasch gräbt er ein Loch.
Er polstert es mit Laub aus und rollt sich zufrieden darin zusammen.

Susanne Riha

■ Welche Tiere kommen im Text vor? Schreibe eine Liste.

gezielt einzelne Informationen suchen

Im Herbst

Der Igel

In der Dämmerung raschelt und schnauft es
im Gebüsch am Waldrand. Ein Igel ist unterwegs.
Sein Schnäuzchen hat er ständig am Boden.
Er sucht nach Insekten, Schnecken und Würmern.
5 Oft gräbt er Mäusenester aus. Frösche, Kröten und
Eidechsen gehören zu seiner Nahrung.
Sogar Schlangen frisst er.
Obst, Beeren und Pilze nimmt er ebenfalls.
Er frisst viele Schädlinge und ist sehr nützlich für uns.
10 Der Igel steht deshalb unter **Naturschutz**.

Sein Nest baut der Igel
aus Laub und Moos unter Reisighaufen.
Meistens hat er drei bis fünf Junge.
Nur das Weibchen zieht die Jungen auf.

nach Juri Dimitrijew

🟥 Warum steht der Igel
unter Naturschutz?
Suche das Wort **Naturschutz**.
Lies die Zeile darüber.

40   ○ gezielt einzelne Informationen suchen   AH S.13

Im Herbst

itten auf der Straße sitzt,
d in Sicherheit bringen.
Händen
es Igels.

suchen sich Igel
einen Platz für den Winterschlaf.
Solch ein Versteck kann in einer Hecke,
10 alten Laubhaufen, Holzstößen
oder Steinhaufen sein.

Igel sind Wildtiere.
Sie suchen ihr Futter selbst.
Sollte ein Igel im Herbst
15 in eurem Garten sein,
kannst du ihm helfen, dass er sich
etwas Wintervorrat anfrisst.
Stelle ihm abends Trockenfutter
oder etwas Rinderhackfleisch hin.
20 Auch ein Schälchen Wasser hilft ihm.

■ Suche die Zeilen im Text.
• In welchen Verstecken hält der Igel Winterschlaf?
• Womit kann sich der Igel einen Wintervorrat anfressen?

Im Herbst

Die Legende vom heiligen Martin

Martin lebte vor vielen hundert Jahren als Soldat.
An einem bitterkalten Winterabend
ritt Martin zurück zu seiner Kaserne.
Vor dem Kasernentor traf er auf einen armen Mann.
Dieser war nur mit Lumpen bekleidet.
Er saß auf dem Boden und fror schrecklich.
Da bekam Martin Mitleid.
Er zog sein Schwert und schnitt damit
seinen großen, roten, warmen Soldatenmantel
in zwei Teile. Die eine Hälfte gab er
dem zitternden Mann.

Später wurde Martin ein Mönch in einem Kloster.
Da er auch hier sehr hilfsbereit und freundlich war,
sollte er Bischof werden. Doch Martin
war viel zu bescheiden.
Er verkroch sich in einem Gänsestall.
Weil die Gänse erschrocken schnatterten,
fanden ihn die Leute.
So wurde er schließlich doch Bischof.
Und noch heute spricht man
von Martinsgänsen und denkt an Martin.

Am 11. November,
seinem Namenstag,
ziehen Kinder und Erwachsene
mit Laternen umher
und singen Martinslieder.

🟥 Lies die markierten Wörter. Was bedeuten sie? Erkläre.

Im Herbst

Ich geh mit meiner Laterne

Ich geh mit meiner Laterne und meine Laterne mit mir. Dort oben leuchten die Sterne und unten leuchten wir. Mein Licht ist aus, ich geh nach Haus, ra-bim-mel, ra-bam-mel, ra-bum.

■ An welchem Tag im November ziehen Kinder mit Laternen umher und singen Martinslieder? Suche die Antwort auf Seite 42.

Freundeseite Im Herbst

Herbstblätter-Gedichte

Im Oktober
Der Ahorn hat ein Blatt verloren,
es flog von weitem auf mich zu.
Ich fing's. Das goldrote, gezackte,
und sagte zu ihm: Schön bist du!

Josef Guggenmos

Blätterfall
Langsam fällt jetzt Blatt für Blatt
von den bunten Bäumen ab.
Jeder Weg ist dicht besät,
und es raschelt, wenn ihr geht.

Erna Fritzke

Andy Goldsworthy, Yorkshire Sculpture Park, England 1987

- Trage eines der Gedichte einem Partnerkind vor.
- Sammelt schöne Herbstblätter.
  Legt daraus gemeinsam eine riesige Blätterschlange.

Miteinander leben

Die Sonntagmorgenmeise
Die Meise hat aufs Dach gepickt.
So?
Die Meise hat mich wachgepickt.
Und dann?
Dann habe ich mich wachgeblickt.
Und nun?
Nun bin ich hier.
Was wirst du tun?
Darf ich ins Bett zu dir?

Reiner Kunze

Lesetraining

Miteinander leben

So kannst du Aussagen in einem Text finden

→ **Tipp 1: die Nummern an den Zeilen nutzen**
Lies die Aufgabe zum Text.
In welcher Zeile sollst du suchen?
Lies die Zeile genau.
Prüfe.
Löse die Aufgabe.

→ **Tipp 2: Abschnitte nutzen**
Lies die Aufgabe zum Text.
In welchem Abschnitt
sollst du suchen?
Lies den Abschnitt genau.
Prüfe.
Löse die Aufgabe.

→ **Tipp 3: farbige Wörter nutzen**
Schau dir den Text an. Gibt es farbige
oder fett gedruckte Wörter?
Lies die Aufgabe zum Text.
Lies die besonders gedruckten Wörter.
Prüfe. Löse die Aufgabe.

46 ○ Aussagen mit Textstellen belegen

Miteinander leben

Von wegen süß!

Papa ist der einzige Mensch, der „Rabauke" zu Marlene sagt. Früher hat sie gedacht, dass „Rabauke" ein Gemüse ist.
5 So eine Mischung aus Rote Bete und Gurke. Und weil Marlene Gemüse nicht besonders leiden kann, hat ihr der Name erst mal gar nicht gefallen.
10 Aber dann hat ihr Papa erklärt, dass „Rabauke" in Wirklichkeit so etwas wie „Frechdachs" oder „Strolch" bedeutet und dass süße Mäuschen auf keinen
15 Fall so heißen können.

Seither ist Marlene mit diesem Namen einverstanden. Er passt eigentlich genau zu einer indianischen Räuberhauptfrau
20 wie Marlene.
Mama hat gesagt, es gibt gar keine indianischen Räuberhauptfrauen.
Papa hat gesagt, dass Mama
25 altmodisch ist und dass heutzutage auch Frauen Anführer von Räuberbanden werden können. Sogar indianische Frauen. Hugh!

Bettina Obrecht

■ Mama ist der einzige Mensch, der „Rabauke" zu Marlene sagt. Stimmt das?
Lies in den Zeilen 1 und 2 nach.

■ „Rabauke" ist ein Gemüse. Stimmt das?
Lies im roten Abschnitt nach.

○ Aussagen mit Textstellen belegen

Die Kinder aus der Krachmacherstraße

Mein Bruder, der heißt Jonas, und ich, ich heiße Mia-Maria, und unsere kleine Schwester, die heißt Lotta. Sie ist erst etwas
5 über drei Jahre, die Lotta. Papa sagt, als noch keine Kinder im Haus waren, da war es ganz ruhig. Aber später war immer solch ein Krach. Mein Bruder
10 wurde vor mir geboren. Und Papa sagt, der Krach im Haus habe beinahe gleich angefangen, als Jonas so groß war, dass er mit der Klapper gegen den
15 Bettrand hauen konnte, sonntagmorgens, wenn Papa schlafen wollte. Und dann hat Jonas mehr und mehr Krach gemacht.

20 Dann kam ich und dann kam Lotta.
Wir wohnen in einem gelben Haus in einer kleinen Straße, die heißt Krugmacherstraße.
25 „Möglich, dass in alter Zeit Krugmacher in dieser Straße gewohnt haben, aber heutzutage wohnen hier nur Krachmacher", sagt Papa.
30 „Ich denke, wir taufen die Straße um und nennen sie die Krachmacherstraße", sagt er. Lotta ist böse, weil sie nicht so groß ist wie Jonas und ich. Jonas
35 und ich dürfen ganz allein bis zum Marktplatz gehen, aber Lotta darf das nicht. Jonas und ich gehen samstags auf den Markt und kaufen Bonbons
40 bei den Marktfrauen, die dort stehen. Aber wir bringen Lotta auch Bonbons mit; das müssen wir nämlich. Einmal an einem Samstag regnete es so furchtbar,
45 dass wir fast nicht auf den Markt gehen konnten.

Miteinander leben

Aber wir nahmen Papas großen Regenschirm und gingen trotzdem und wir kauften uns
50 rote Bonbons. Als wir nach Hause gingen, da gingen wir unterm Regenschirm und aßen Bonbons und das machte Spaß. Aber Lotta konnte nicht einmal
55 auf den Hof rausgehen, nur weil es so furchtbar regnete.

„Wozu muss es regnen?", fragte Lotta.
„Damit Korn und Kartoffeln
60 wachsen können und wir was zu essen bekommen", sagte Mama.
„Wozu muss es denn auf dem Markt regnen?", fragte Jonas.
„Ist es wegen der Bonbons,
65 damit die wachsen können?"
Da hat Mama nur gelacht.
Als wir abends im Bett waren, sagte Jonas zu mir:
„Du, Mia-Maria, wenn wir
70 zu Großvater und Großmutter fahren, dann wollen wir nicht Mohrrüben auf unser Gartenbeet säen, sondern Bonbons, das ist viel besser.

Astrid Lindgren

- Die Straße, in der die Familie wohnt, heißt Krugmacherstraße. Stimmt das?
  Lies in Zeile 24 nach.
- Alle drei Kinder dürfen ganz allein bis zum Marktplatz gehen. Stimmt das?
  Lies im roten Abschnitt nach.
- Es muss regnen, damit Bonbons wachsen können. Stimmt das?
  Lies die grünen Wörter.

Miteinander leben

Manches ist bei Paule anders

Bei anderen Kindern ist alles ganz einfach. Sie wachsen bei einer Frau im Bauch, und dann werden sie geboren, und die Frau nimmt sie mit nach Hause, und die ist dann auch ihre Mutter. Und wenn sie Glück haben, sind da meistens noch ein Vater und
5 vielleicht auch Geschwister und ganz vielleicht sogar ein Hund.

Bei Paule ist das alles anders. Einen Hund hat er sowieso nicht, klar, obwohl er sich den nun wirklich schon lange gewünscht hat und ihn ganz bestimmt auch immer spazieren führen würde
10 und füttern und einmal im Monat sogar abseifen, damit er nicht stinkt.

Natürlich hat Paule Mama und Papa. Aber das ist es eben. Die sind auch nicht so wie bei anderen Kindern. Sie haben Paule aus einem Heim geholt,
15 als er ganz winzig war, nicht aus Mamas Bauch.

„Du warst ein Glücksgriff", sagt Papa, wenn er mit Paule Fußball spielt und eine Pause machen muss, weil er nicht mehr kann. „Stell dir vor, sie hätten uns einen Jungen gegeben, der nicht Fußball spielen mag!" – „Oder ein Mädchen", sagt Paule. Aber Papa mag
20 Mädchen und sagt, es gibt auch welche, die Fußball spielen. „Ein Mädchen holen wir uns auch noch mal irgendwann", sagt Papa. „Aber erst einmal einen Fußballer, darauf musste ich bestehen."

Kirsten Boie

🟥 Paules Mama und Papa haben Paule aus einem Heim geholt. Stimmt das? Lies im blauen Abschnitt nach.

🟥 Papa wollte zuerst lieber ein Mädchen. Stimmt das? Lies im roten Abschnitt nach.

Aussagen mit Textstellen belegen

Miteinander leben

Familien

Familien sind ganz verschieden.
Die Familienmitglieder sind aber meistens miteinander verwandt.

Es gibt Kleinfamilien, in denen Eltern und Kinder zusammenleben.
Es gibt Einelternfamilien, in denen Vater oder Mutter
5 mit den Kindern zusammenleben.

Kinder, die in einem Heim leben, kommen
manchmal zu einer Pflegefamilie oder werden adoptiert*.

Manche Kinder leben mit Stiefeltern oder Stiefgeschwistern zusammen.
Man nennt diese Familien auch Patchworkfamilien (sprich: Pätschwörk),
10 weil nicht alle Kinder die gleiche Mutter und den gleichen Vater haben.

Einige Kinder leben in einer Großfamilie.
Dort wohnen dann oft Eltern, Geschwister und Großeltern zusammen.

- Welche Familien findest du im Text?
  Lies die farbigen Wörter.

- Benni hat zwei Schwestern. Stimmt das?
  Schau dir das Foto an.

* als eigenes Kind angenommen

○ Aussagen mit Textstellen belegen
Texte genau lesen

51

Miteinander leben

Anna und das Baby

Anna ist mit den Schularbeiten fertig.
Sie will sie Mama zeigen.
Aber Mama liegt auf dem Sofa und schläft.
Anna geht zurück in ihr Zimmer.
5 Sie blättert in ihrem Lesebuch,
aber sie kann jetzt nicht lesen.
Es ist so still im Haus.
Unheimlich still.
Anna legt das Buch weg
10 und schleicht ins Schlafzimmer
von Mutti und Papa.
Dort steht Fabians Wiege.
Fabian ist wach.
Anna streicht sacht
15 über seine kleinen Hände.
Dann gibt sie ihm den Zeigefinger,
und Fabian hält ihn fest.
„Ich bin Anna, deine Schwester",
flüstert Anna.
20 „Wir werden uns bestimmt bald
gut vertragen.
Du darfst nur nicht immer
so viel schreien.
Sonst werde ich böse."
25 Fabian guckt Anna
mit seinen großen Augen an.

Manfred Mai

🟥 Was denkt Anna wohl über ihr Brüderchen?
Schneide eine Denkblase aus und schreibe es darauf.

bei der Beschäftigung mit literarischen Texten Sensibilität und Verständnis
für Gedanken und Gefühle und zwischenmenschliche Beziehungen zeigen

Miteinander leben

Meine Schwester und ich

Sie macht's gut,
ich mach's schlecht.
Sie macht's euch
immer recht.

   Ich mach's anders,
   sie macht's so,
   ich mach euch zornig,
   sie euch froh.

Sie ist leise,
ich bin laut,
und ich bin es,
der sie haut.

   Sag ich nein,
   sagt sie ja,
   und wer lieb ist,
   ist doch klar.

Immer sie,
niemals ich.
Und ich frag:
Wer mag mich?

Regina Schwarz

Jetzt hol ich mir einen neuen Bruder
Am Dienstag hat mein Bruder meine
Kuchen im Sandkasten zertrampelt.
Dabei hatte ich sie so schön verziert.
Er sagte: „Der Sandkasten gehört dir
nicht alleine.
Ich will auch Platz zum Spielen haben."
Da bin ich fast vor Wut geplatzt.
„Du bist gemein", habe ich geschimpft.
„Jetzt hole ich mir einen neuen Bruder."

Brigitte Raab

- Wie geht es dir mit Geschwistern oder Freunden?
  Tausche deine Gedanken mit einem Partnerkind aus.

Miteinander leben

Alltagsmutter – Sonntagsvater

*Manchmal trennen sich Eltern.
Im Normalfall wohnen die Kinder
dann bei einem Elternteil und
besuchen den anderen Elternteil
regelmäßig. Auch wenn Eltern
geschieden sind, bleiben
sie immer Mutter und Vater
für ihr Kind.*

Die Küche ist kleiner als die
Küche zu Hause. Sie ist auch
nicht so vollgekramt. Moritz sitzt
am Tisch und schaut sich um:
lauter Sachen, die er nicht kennt.
Fremder Toaster.
Fremde Teekanne.
Fremdes Frühstücksgeschirr.
Alles ist fremd in dieser
Wohnung, nur der Vater
ist Moritz vertraut.

„Ich wecke Tina, und nachher
frühstücken wir gemütlich!",
sagt der Vater. Tina ist die
Schwester von Moritz.

Die Kinder sind zu Besuch bei
ihrem Vater. Vor vier Wochen
ist er in die neue Wohnung
ein- und zu Hause ausgezogen.

Nachdenklich schaut sich Moritz
um. Ob sich der Vater hier –
ganz allein, ohne die Familie –
wohlfühlt? Moritz kann sich
das nicht vorstellen. Schon eher
kann er sich vorstellen, dass der
Vater traurig ist. Dass er Tina
und ihn vermisst. Und auch
die Mutter vermisst?

Hier ist kein Mensch, wenn er
heimkommt. Keiner, der sagt:
„Spielst du mit uns? Sagst du uns
noch gute Nacht?"

Wir sind ja nur am Wochenende
hier oder mal in den Ferien.
Moritz denkt: Ob er uns so
vermisst, wie wir ihn vermissen?

Cornelia Nitsch

■ Warum denkt Moritz, dass der Vater in der neuen Wohnung traurig ist?
Schreibe seine Gedanken auf.

Miteinander leben

Nach einem Streit

Weißt du, wie das ist,
traurig zu sein,
sich ganz allein
zu fühlen?
Du gibst mir
nicht mal einen Kuss,
sagst: „Schluss,
es ist Zeit, schlafen zu gehn!"
Ich liege da
mit all meiner Wut.
Mir geht es nicht gut!

Regina Schwarz

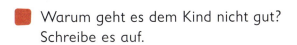

- Warum geht es dem Kind nicht gut?
  Schreibe es auf.

○ bei der Beschäftigung mit literarischen Texten Sensibilität und Verständnis für Gedanken und Gefühle und zwischenmenschliche Beziehungen zeigen

Magazin

Miteinander leben

Wie muss es richtig heißen?

Klaras Schwester spielt mit ihrer Pappe.

Florian liest auf seinem Bett in einem Bach.

Mama pflückt Blusen im Garten.

Papa mäht mit einem Rosenmäher den Rasen.

Echt witzig!

„Wir werden unser Kind nach seinem Großvater benennen."
„Bist du verrückt? Das Kind kann doch nicht Opa heißen!"

Ulrike gibt in der Klasse an: „Mein kleiner Bruder ist wahnsinnig intelligent! Jetzt kann er sogar schon seinen Namen rückwärts sagen!"
„Und wie heißt er?"
„Otto."

Uta Bettzieche nach Paul Maar

56 Lösungen S.188

Miteinander leben

Wer ist der schnellste Zungenbrechersprecher?

Mutige Mamas machen Mützen mit Muster.

Kleine Kinder können keine Krokodile kitzeln.

Neue Adresse

Wie viele Familienmitglieder zählst du? 8 9 10

BRU	COU	VA	MUT
SCHWES	ON	TAN	NICH
KEL	TE	TE	TER
TER	TER	SIN	DER

Knobelei

Micha hat heute Geburtstag.

Michas kleine Schwester Marie ist fünf Jahre alt.

Michas großer Bruder ist doppelt so alt wie Marie.

Micha ist zwei Jahre jünger als sein Bruder.

Lösungen S.188

Miteinander leben

Liebste Mecker-Oma

„Tina, aufräumen", sagt Oma.
Sie schaut auf das Durcheinander
in Tinas Zimmer.
Legosteine und Puppen,
5 Kleider und Bücher,
Autos und Bilder,
ein Malkasten und Murmeln …

Tina sitzt in der Ecke und malt.
Tina hört Oma gar nicht zu.
10 Was Oma immer will!
„Du sollst aufräumen!", sagt Oma noch mal.
„Du bist ja eine richtige Rumpel-Tina!"
Tina hört auf zu malen. Sie ärgert sich.
Dann sagt sie:
15 „Und du bist eine Rumpel-Oma!
Und eine Mecker-Oma!"
Ob Oma jetzt wütend wird?

Tina hält die Luft an.
Oma hält auch die Luft an.
20 Tina schaut zu Oma.
Oma schaut zu Tina.
Dann müssen sie beide
auf einmal lachen.

„Plapper-Tina!", ruft Oma.
25 „Mecker-Oma", sagt Tina.
„Hampel-Tina", sagt Oma.
„Pumpel-Oma!", ruft Tina.
Sie schauen sich an und lachen.
„Und wer räumt jetzt auf?", fragt Oma.
30 „Die Rumpel-Plapper-Tina", sagt Tina.
„Und die Rumpel-Mecker-Oma hilft ihr", sagt Oma.

Elisabeth Zöller

■ Übt den Text mit verteilten Rollen zu lesen.

Geschichten, Dialoge vortragen
Texte zum Vorlesen vorbereiten

Der Lehnstuhl

Großvater ist **gestorben**.
Vor Jahren schon.
Sein **Lehnstuhl** steht
auf dem **Dachboden**,
mitten unter anderem
Gerümpel.
In diesem **Stuhl saß er**
immer und rauchte
seine Pfeife.
Manchmal lag die **Katze**
auf seinem **Schoß** und
schlief.
Es war sehr **gemütlich**
bei **Großvater**.
Inzwischen ist auch
die **Katze alt** geworden.
In letzter Zeit geht sie
immer auf den Dachboden
und **schläft** lange in **Großvaters Lehnstuhl**.

Erwin Moser

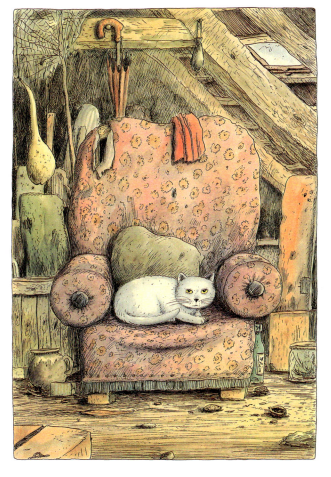

- Erzähle einem Partnerkind die Geschichte mit eigenen Worten. Nutze die fett gedruckten Wörter.

Freundeseite

Miteinander leben

Das mag ich an meiner Familie

Deckst du mich abends zu,
denk ich, wie schön es ist,
dass gerade du
meine Mutter bist.

Angela Sommer-Bodenberg

⭐ Hier kannst du ein Herz-Leporello für deine Familie basteln. Schreibe hinein, was dir an deiner Familie gefällt.

60 handelnd mit Texten umgehen

Märchenzeit

Hänsel und Gretel verliefen sich im Wald.
Dort war es finster und auch so grimmig kalt.
Sie kamen an ein Häuschen
mit Pfefferkuchen fein:
Wer mag der Herr wohl von
diesem Häuschen sein?

Lesetraining *Märchenzeit*

So kannst du dir besser vorstellen, was du liest

→ **Tipp 1: die passende Stelle zum Bild suchen**

Was siehst du auf dem Bild?
Suche danach im Text.
Passt die Stelle zum Bild?
Setze einen Spielstein
auf die richtige Textstelle
oder verbinde mit Papierstreifen.

Rumpelstilzchen.

→ **Tipp 2: Sprech- oder Gedankenblasen schreiben**

Schneide eine Sprechblase oder eine Gedankenblase aus.
Suche eine Stelle im Text, wo Personen oder Tiere etwas sagen
oder denken, ohne dass dasteht, was.
Schreibe es auf.
Lege die Blasen an die Textstelle.

Auf der Fensterbank
im Dunkeln,
dass ihn keiner sieht,
sitzt ein kleiner Stern
und hört zu.

Es ist so gemütlich hier auf der Fensterbank.

→ **Tipp 3: Ort oder Gegenstände malen**

Suche im Text einen Ort oder einen Gegenstand.
Lies genau. Wie sieht es an diesem Ort aus?
Wie sieht der Gegenstand aus?
Male den Ort oder den Gegenstand.
Du kannst deine Zeichnung auch beschriften.

lebendige Vorstellungen beim Lesen und Hören literarischer Texte entwickeln

November

Es kommt eine Zeit,
da lassen die Bäume
ihre Blätter fallen.
Die Häuser rücken
enger zusammen.
Aus dem Schornstein
kommt ein Rauch.

Es kommt eine Zeit,
da werden die Tage klein
und die Nächte groß,
und jeder Abend hat
einen schönen Namen.

Einer heißt Hänsel und Gretel.
Einer heißt Schneewittchen.
Einer heißt Rumpelstilzchen.
Einer heißt Katherlieschen.
Einer heißt Hans im Glück.
Einer heißt Sternentaler.

Auf der Fensterbank
im Dunkeln,
dass ihn keiner sieht,
sitzt ein kleiner Stern
und hört zu.

Elisabeth Borchers

- Betrachte das Bild.
  Finde zum Bild passende Textzeilen.
  Lege Papierstreifen oder setze zwei gleiche Spielsteine.

Märchenzeit

lebendige Vorstellungen beim Lesen und Hören literarischer Texte entwickeln

Märchenzeit

Märchen-Reime

„Heute back ich, morgen brau ich,
übermorgen hol ich der Königin ihr Kind;
ach, wie gut, dass niemand weiß,
dass ich … heiß!"

„Ihr zahmen Täubchen, ihr Turteltäubchen,
all ihr Vöglein unter dem Himmel,
kommt und helft mir lesen,
die guten ins Töpfchen,
die schlechten ins Kröpfchen."

„Spieglein, Spieglein an der Wand,
wer ist die Schönste im ganzen Land?"

„Was rumpelt und pumpelt
in meinem Bauch herum?
Ich meinte, es wären sechs Geißlein,
so sind's lauter Wackersteine."

■ Welcher Märchen-Spruch gehört zu welcher Figur?
Verbinde mit Papierstreifen.

64 ○ Kinderliteratur kennen: Figuren, Handlungen, Merkmale von Märchen

Märchenzeit

Der goldene Schlüssel

Zur Winterszeit, als einmal ein tiefer Schnee lag,
musste ein armer Junge hinausgehen und
Holz auf einem Schlitten holen.
Wie er es nun zusammengesucht und
5 aufgeladen hatte, wollte er,
weil er so erfroren war, noch nicht nach Haus gehen,
sondern erst Feuer anmachen und
sich ein bisschen wärmen.
Da scharrte er den Schnee weg,
10 und wie er so den Erdboden aufräumte,
fand er einen kleinen, goldenen Schlüssel.
Nun glaubte er, wo der Schlüssel wäre,
müsste auch das Schloss dazu sein,
grub in der Erde und fand ein eisernes Kästchen.
15 „Wenn der Schlüssel nur passt!", dachte er,
„es sind gewiss kostbare Sachen in dem Kästchen."
Er suchte, aber es war kein Schlüsselloch da,
endlich entdeckte er eins, aber so klein,
dass man es kaum sehen konnte.
20 Er probierte und der Schlüssel
passte glücklich.
Da drehte er einmal
herum und nun …

Brüder Grimm

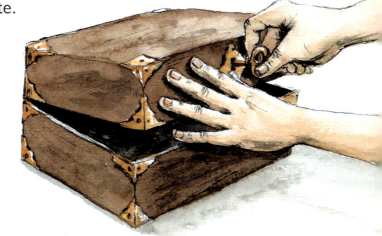

Was findet der Junge? Lies Zeile 11 und Zeile 14.
Was denkt er dabei? Schneide zwei Gedankenblasen aus. Schreibe auf.
Lege die Gedankenblasen an die Zeilen.

lebendige Vorstellungen beim Lesen und Hören literarischer Texte entwickeln

Märchenzeit

Die große Rübe

Der Großvater hat ein Rübchen gesteckt
und gesagt:
„Wachse, mein Rübchen, wachse, werde süß!
Wachse, mein Rübchen, wachse, werde fest!"

5 Das Rübchen wuchs und wurde süß und fest
und groß – riesengroß.
Der Großvater geht, die Rübe zu ziehen.
Er zieht und zieht –
er kann sie nicht herausziehen.

10 Der Großvater ruft die Großmutter.
Großmutter fasst den Großvater,
Großvater fasst die Rübe.
Sie ziehen und ziehen –
sie können sie nicht herausziehen.

15 Die Großmutter ruft das Enkelchen.
Das Enkelchen fasst die Großmutter,
Großmutter fasst den Großvater,
Großvater fasst die Rübe.
Sie ziehen und ziehen –
20 sie können sie nicht herausziehen.

Das Enkelchen ruft das Hündchen.
Das Hündchen fasst das Enkelchen,
das Enkelchen fasst die Großmutter,
die Großmutter fasst den Großvater,
25 der Großvater fasst die Rübe.
Sie ziehen und ziehen –
sie können sie nicht herausziehen.

Märchenzeit

    Das Hündchen ruft das Kätzchen.
Das Kätzchen fasst das Hündchen,
30 das Hündchen fasst das Enkelchen,
das Enkelchen fasst die Großmutter,
die Großmutter fasst den Großvater,
der Großvater fasst die Rübe.
Sie ziehen und ziehen –
35 sie können sie nicht herausziehen.

    Das Kätzchen ruft das Mäuschen.
Das Mäuschen fasst das Kätzchen,
das Kätzchen fasst das Hündchen,
das Hündchen fasst das Enkelchen,
40 das Enkelchen fasst die Großmutter,
die Großmutter fasst den Großvater,
der Großvater fasst die Rübe.
Sie ziehen und ziehen –
und heraus ist die Rübe.

Russisches Volksmärchen

Nutze die farbigen Zeilen.

■ Was rufen wohl die Personen und die Tiere?
Schneide Sprechblasen aus. Schreibe auf.

Märchenzeit

Prinzessin auf der Erbse

Es war einmal ein Prinz,
der wollte eine Prinzessin heiraten,
aber es sollte eine wirkliche Prinzessin sein.
Durch die ganze Welt war er gereist.
5 Viele Prinzessinnen hatte er getroffen, aber nie war er
sich sicher, ob es denn eine echte Prinzessin wäre.
So war er traurig wieder in sein großes Schloss
zurückgekehrt, als ein furchtbares Gewitter aufzog.
Plötzlich hörte er lautes Gelächter.
10 Die Diener führten ein Mädchen in den Saal,
das war klatschnass und hässlich.
Dieses Mädchen weinte und erklärte allen,
dass es doch eine echte Prinzessin wäre.
Das werden wir gleich wissen,
15 dachte die alte Königin und ging ins Schlafzimmer.
Dort packte sie eine Erbse auf den Boden
der Bettstelle.
Darauf türmte sie zwanzig Matratzen
und darüber noch zwanzig Daunenbetten.
20 Darauf musste die Prinzessin die ganze Nacht liegen.
Am Morgen wurde sie gefragt, wie sie geschlafen hätte.
„Oh, schrecklich schlecht!", antwortete sie.
„Ich habe kein Auge zubekommen.
Etwas Hartes quälte mich,
25 dass ich ganz grün und blau am Körper bin."
Da war sich die Königin sicher:
So empfindlich konnte nur eine wahre Prinzessin sein.
Der Prinz aber heiratete sie und schmückte sie gar wunderschön.
Die Erbse jedoch kann jedermann im Museum bewundern.

nach Hans Christian Andersen

🟥 Lies die Zeilen 16–19. Wie wird das Bett beschrieben?
Male es.
Du kannst auch ein Bild mit Stoffen oder Geschenkpapier
gestalten oder ein Modell bauen.

68 ● lebendige Vorstellungen beim Lesen und Hören literarischer Texte entwickeln

Märchenzeit

Märchen-Lesekiste: Prinzessin auf der Erbse

1. Suche dir einen Schuhkarton. Bemale und beklebe ihn so, dass er gut zum Märchen passt.

2. Schreibe auf ein Blatt
   – den Namen des Märchens,
   – den Namen des Märchensammlers,
   – wie dir das Märchen gefällt.
   Klebe das Blatt in den Innendeckel deines Kartons.

3. Lies das Märchen noch einmal genau. Notiere auf einer Liste Dinge, die im Märchen wichtig sind (Krone, Erbse, …).

4. Suche die Gegenstände. Lege sie in deine Märchenkiste. Du kannst auch basteln oder malen.

5. Schreibe zu jedem Gegenstand einen passenden Satz auf ein Aufstell-Kärtchen.

6. Stelle mithilfe der Märchen-Lesekiste das Märchen vor und erzähle es.

Texte genau lesen
◐ Kinderliteratur kennen: Werke, Autoren und Autorinnen, Figuren, Handlungen

Magazin

Märchenzeit

Kennst du dieses Märchen?

Was gehört nicht in das Märchen von Dornröschen?

Märchenzeit

Was gehört zusammen?

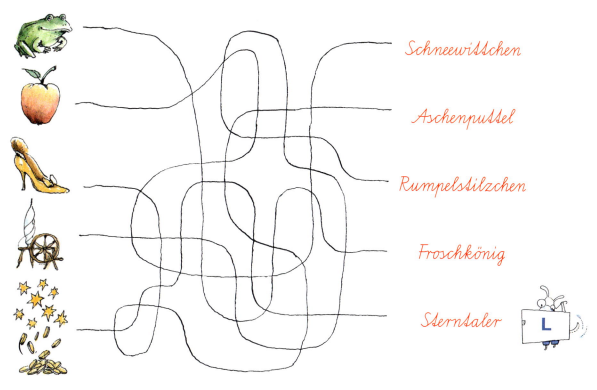

Schneewittchen

Aschenputtel

Rumpelstilzchen

Froschkönig

Sterntaler

Wo passt die Sieben nicht?

Der Wolf und die __?__ Geißlein

__?__ auf einen Streich

Die __?__ Raben

Der Teufel mit den __?__ goldenen Haaren

Hinter den __?__ Bergen

7

Wörtertreppen

Hexen
Hexenhaus
Hexenhaustür
Hexenhaustürschlüssel
Hexenhaustürschlüsselloch

Märchen
Märchenschloss
Märchenschlossgarten
Märchenschlossgartenrosen
Märchenschlossgartenrosenbeet

AH S.22
Lösungen S.188

71

Märchenzeit

Im Haus der Großmutter

Nachdem Rotkäppchen den Rat des Wolfes befolgt und einen Blumenstrauß gepflückt hatte, kam sie endlich zum Haus der Großmutter. Da bot sich ihr ein seltsames Bild, denn die Tür des Häuschens stand offen. Die Großmutter lag im Bett und hatte die Haube tief ins Gesicht gesetzt und sah so wunderlich aus.

„Ei, Großmutter, was hast du für große Ohren!"

„Dass ich dich besser hören kann."

„Ei, Großmutter, was hast du für große Augen!"

„Dass ich dich besser sehen kann."

„Ei, Großmutter, was hast du für große Hände!"

„Dass ich dich besser packen kann."

„Aber, Großmutter, was hast du für ein entsetzlich großes Maul!"

„Dass ich dich besser fressen kann."

Kaum hatte der Wolf das gesagt, so tat er einen Satz aus dem Bett und verschlang das arme Rotkäppchen. Als er sein Gelüsten gestillt hatte, legte er sich wieder ins Bett, schlief ein und fing an, überlaut zu schnarchen.

Brüder Grimm

■ Lest den Text mit verteilten Rollen.
Überlegt: Wie spricht der Wolf? Wie spricht das Rotkäppchen?

Märchenzeit

Rotkäppchen

Es war einmal ein Mädchen,
das wurde von allen Leuten
Rotkäppchen genannt.
Eines Tages sagte seine Mutter:
5 „Rotkäppchen, geh hinaus
zur Großmutter und bring ihr
Kaffee und Kuchen.
Aber geh nicht vom Weg ab
und komm wieder heim,
10 bevor es dunkel ist."
Rotkäppchen nahm den Korb
mit Kaffee und Kuchen
und machte sich auf den Weg.
Als es ein ganzes Stück gegangen war,
15 kam plötzlich der Wolf.
„Wohin gehst du?", fragte er.
„Zu meiner Großmutter",
antwortete Rotkäppchen.
„Wo wohnt deine Großmutter?"
20 Rotkäppchen überlegte nicht lange
und sagte: „Du musst
bis zu der großen Eiche laufen.
Dann siehst du rechts
ein kleines Haus am Waldrand.
25 Da wohnt sie, meine Großmutter."
Der Wolf lief schnell davon.
Rotkäppchen aber ging singend
in die andere Richtung,
denn in dem kleinen Haus
30 am Waldrand wohnte
in Wirklichkeit der Jäger.

Manfred Mai

■ Wie findest du das Ende dieses Märchens?

eigene Gedanken zu Texten entwickeln, zu Texten Stellung nehmen

Märchenzeit

Vom dicken, fetten Pfannkuchen

Ein dicker, fetter Koch hatte einen dicken, fetten Pfannkuchen gebacken. Sieben Kinder standen um ihn herum und bettelten: „Lieber Koch, gib uns den dicken, fetten Pfannkuchen!"
Das hörte der Pfannkuchen, sprang aus der Pfanne und rannte – kantipper, kantapper – in den Wald.
Er rannte und rannte – kantipper, kantapper.

Kam Häschen Langohr. Rief: „Dicker, fetter Pfannkuchen, bleib stehen, ich will dich fressen!"
Lachte der dicke, fette Pfannkuchen, rannte und rannte – kantipper, kantapper.

Kam Wolf Scharfzahn. Rief: „Dicker, fetter Pfannkuchen, bleib stehen, ich will dich fressen!"
Lachte der dicke, fette Pfannkuchen, rannte und rannte – kantipper, kantapper.

Märchenzeit

Kam Schwein Ringelschwanz. Rief: „Dicker, fetter Pfannkuchen, bleib stehen, ich will dich fressen!"
Lachte der dicke, fette Pfannkuchen, rannte und rannte – kantipper, kantapper.
Aber Schwein Ringelschwanz rannte hinterher.

Kam der dicke, fette Pfannkuchen an einen Bach
und konnte nicht hinüber. Sagte Schwein Ringelschwanz:
„Setz dich auf meinen Rüssel, ich trag dich hinüber!"

Aber kaum saß der dicke, fette Pfannkuchen auf dem Rüssel,
schüttelte Schwein Ringelschwanz auch schon den Kopf,
schleuderte den dicken, fetten Pfannkuchen in die Luft,
fing ihn wieder und fraß ihn.
Aus war's mit dem dicken, fetten Pfannkuchen,
und aus ist unser Märchen.

Deutsches Volksmärchen

■ Lest das Märchen mit verteilten Rollen.
Wie sprechen die Tiere? Wie spricht der Erzähler?
Denkt euch auch ein Geräusch aus
für die „Kantipper-kantapper-Bewegung".

handelnd mit Texten umgehen: Texte inszenieren und vortragen

Freundeseite

Märchenzeit

Märchen-Adressen

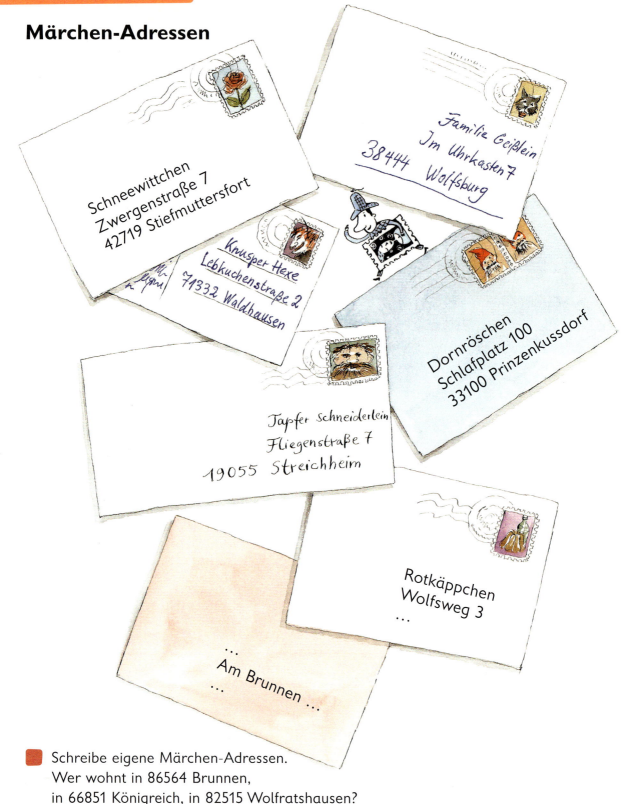

Schneewittchen
Zwergenstraße 7
42719 Stiefmuttersfort

Familie Geißlein
Im Uhrkasten 7
38444 Wolfsburg

Knusper Hexe
Lebkuchenstraße 2
71332 Waldhausen

Dornröschen
Schlafplatz 100
33100 Prinzenkussdorf

Tapfer Schneiderlein
Fliegenstraße 7
19055 Streichheim

Rotkäppchen
Wolfsweg 3
…

…
Am Brunnen …
…

🟧 Schreibe eigene Märchen-Adressen.
Wer wohnt in 86564 Brunnen,
in 66851 Königreich, in 82515 Wolfratshausen?
Lass ein Partnerkind raten.

Erwin Grosche

Im Winter

Wenn es schneit
Wenn es schneit
hat das ganze Land
Wintersprossen.

Heinz Janisch

Lesetraining

Im Winter

So kannst du Gedichte untersuchen

→ **1. Schritt: die Gedichtform untersuchen**

Christian Morgenstern	Autor
Die drei Spatzen	Überschrift
In einem leeren Haselstrauch	Vers
Da sitzen drei Spatzen, Bauch an Bauch.	Vers

1. Strophe

Untersuche, wie das Gedicht aufgebaut ist.
- Zähle die Anzahl der Strophen im Gedicht.
- Zähle die Zeilen (Verse) jeder Strophe.

→ **2. Schritt: die Reimform untersuchen**

Untersuche, ob sich das Gedicht reimt.
- Lies die letzten Wörter in jeder Zeile halblaut. Welche Wörter reimen sich?

… Haselstrauch
… Bauch

→ **3. Schritt: das Besondere der Sprache entdecken**

Entdecke die besondere Sprache im Gedicht.
- Gibt es besondere Wörter?
- Welche Textstelle gefällt dir besonders gut? Warum?

78 ○ Erzähltexte, lyrische und szenische Texte kennen und unterscheiden

Im Winter

Die drei Spatzen

In einem leeren Haselstrauch,
Da sitzen drei Spatzen, Bauch an Bauch.

Der Erich rechts und links der Franz
Und mittendrin der freche Hans.

Sie haben die Augen zu, ganz zu,
Und obendrüber, da schneit es, hu!

Sie rücken zusammen dicht an dicht.
So warm wie der Hans hats niemand nicht.

Sie hörn alle drei ihrer Herzlein Gepoch.
Und wenn sie nicht weg sind, so sitzen sie noch.

Christian Morgenstern

Beobachtung

Zarte, feine klitzekleine Spuren
findest du im Schnee?

Zarte, feine klitzekleine Spuren –
die sind nicht vom Reh!

Diese krickel krackel Grüße
schrieb ein andrer Gast hierher:

Zickel zackel … füße – schau:
Dort sind schon keine mehr.

Denn nur eben fast im Schweben
hüpfte, pickte er im Lauf –

und mit einem Sprunge, Schwunge
flog er zu den Wolken auf.

Max Kruse

- Welches Gedicht
  gefällt dir besonders gut?
  - Wie viele Strophen
    gehören zum Gedicht?
  - Wie viele Zeilen (Verse)
    gehören zu jeder Strophe?
  - Welche Wörter reimen sich?

Die Geschichte vom beschenkten Nikolaus

Einmal kam der heilige Nikolaus
am 6. Dezember zum kleinen Klaus.
Er fragte ihn:
„Bist du im letzten Jahr auch brav gewesen?"
5 Klaus antwortete: „Ja, fast immer."
Der Nikolaus fragte: „Kannst du mir auch
ein schönes Gedicht aufsagen?" –
„Ja", sagte Klaus.

„Lieber, guter Nikolaus,
du bist jetzt bei mir zu Haus,
bitte leer' die Taschen aus,
dann lass ich dich wieder raus."

Der Nikolaus sagte:
10 „Das hast du schön gemacht."
Er schenkte Klaus Äpfel, Nüsse,
Mandarinen und Plätzchen.
„Danke", sagte Klaus.
„Auf Wiedersehen", sagte der Nikolaus.
15 Er drehte sich um und wollte gehen.
„Halt", rief Klaus.
Der Nikolaus schaute sich erstaunt um:
„Was ist?", fragte er.
Da sagte Klaus: „Und was ist mit dir?
20 Warst du im letzten Jahr auch brav?" –
„So ziemlich", antwortete der Nikolaus.
Da fragte Klaus: „Kannst du mir auch
ein schönes Gedicht aufsagen?"
„Ja", sagte der Nikolaus.

Im Winter

„Liebes, gutes, braves Kind,
draußen geht ein kalter Wind,
koch mir einen Tee geschwind,
dass ich gut nach Hause find."

25 „Wird gemacht", sagte Klaus.
Er kochte dem Nikolaus einen heißen Tee.
Der Nikolaus schlürfte ihn und aß dazu Plätzchen.
Da wurde ihm schön warm.
Als er fertig war,
30 stand er auf und ging zur Türe.
„Danke für den Tee", sagte er freundlich.
„Bitte, gerne geschehen", sagte Klaus.
„Und komm auch nächstes Jahr vorbei,
dann beschenken wir uns wieder." –
35 „Natürlich, kleiner Nikolaus",
sagte der große Nikolaus und
ging hinaus in die kalte Nacht.

Alfons Schweiggert

Lies die Überschrift. Betrachte die Bilder.
Worum geht es wohl in dem Text?
Tausche dich mit einem Partnerkind aus.

Magazin

Im Winter

Wie viele verschiedene Tiere sind über den Schnee gelaufen?

Finde die drei Kuckuckseier

Januar Januar Januar Januar Januar Januar Januar Januar Januar Januar Januar
Januar Januar Januar Jaguar Januar Jaguar Januar Januar Januar Januar Januar
Januar Januar Januar Januar Januar Januar Januar Januar Januar Januar Januar
Januar Januar Januar Januar Januar Januar Januar Januar Januar Januar Januar
Januar Januar Januar Januar Januar Januar Jaguar Januar Januar Jahre Januar
Januar Jacken Januar Januar Januar Januar Januar Januar Januar Januar Januar
Januar Januar Januar Januar Januar Januar Januar Januar Januar Januar Januar

Zwei sind immer gleich

Was sagt ein Hase, wenn er einen Schneemann sieht?
„Möhre her, oder ich föhne dich."

Treffen sich zwei Kerzen. Sagt die eine zur anderen: „Was hast du heute Abend vor?" „Ich gehe aus."

82　　　　　　　　　　　　　　　　　　　　　　Lösungen S. 188

Im Winter

Was gehört nicht zur Weihnachtszeit?

Welche drei Dinge gibt es nicht?

Adventskranz	Weihnachtsmann	Nikolausstiefel
Adventsgesteck	Weihnachtsfest	Nikolaussack
Adventskerze	Weihnachtsschleim	Nikolausspruch
Adventsgedicht	Weihnachtsbraten	Nikolaustag
Adventssee	Weihnachtsgeschichte	Nikolaustanne

Für wen sind die Geschenke?

Anne Jan Leni Martin Ronja

Im Winter

Die Weihnachtsgeschichte

Vor ungefähr 2000 Jahren herrschte
der römische Kaiser Augustus.
Da er wissen wollte, wie viele Menschen
in seinem großen Reich lebten, befahl er allen,
5 sich in ihrer Geburtsstadt zählen zu lassen.

So machte sich auch Josef,
ein Zimmermann aus Nazareth,
mit seiner Frau Maria auf den Weg.
Sie mussten bis nach Bethlehem.
10 Maria war schwanger und ihr Kind
sollte bald geboren werden.
Die Reise dauerte viele Tage
und war besonders für Maria beschwerlich.

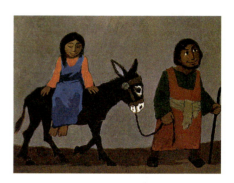

Als sie endlich Bethlehem erreichten,
15 war in keiner Herberge ein Platz für sie frei.
Schließlich fanden sie Unterkunft in
einem Stall. Hier waren sie geschützt
vor dem Wind und der Kälte der Nacht.

Gerade in dieser Nacht,
20 in diesem Stall, bekam Maria ihr Kind.
Maria und Josef freuten sich
und nannten den kleinen Jungen Jesus.
Maria wickelte ihn in Windeln
und legte ihn in eine Krippe.

nach Lukas 2, 1–7

■ Erzähle am Weihnachtsabend
deinen Eltern die Geschichte.
Du kannst dazu auch das Kamishibai auf Seite 85 nutzen.

Jesus ist geboren

Im Winter

Die Weihnachtsgeschichte im Kamishibai

Das Kamishibai ist ein Papiertheater aus Japan.
Ein Erzähler erzählt eine Geschichte in mehreren Teilen.
Zu jedem Teil hat der Erzähler ein passendes Bild gemalt.
Die Bilder stecken in einem Rahmen aus festem Papier.
Der Erzähler zieht immer ein Bild aus dem Rahmen
und erzählt dazu den Teil der Geschichte.

**So kannst du ein Kamishibai basteln
und die Weihnachtsgeschichte erzählen:**

handelnd mit Texten umgehen: Texte inszenieren
Texte mit eigenen Worten wiedergeben

Im Winter

Wünsche zum neuen Jahr

Ich bring zum ersten Januar
euch meine schönsten Wünsche dar:
Bleibt glücklich und heiter,
und liebt mich weiter.

Volksmund

Sieh nur, dein kleiner Wicht
lernt auch schon ein Gedicht.
Und wünscht dir kurz und klar
viel Glück im neuen Jahr.

Bleib im neuen Jahr gesund,
froh und glücklich jede Stund.

Mach auch im neuen Jahr so weiter.
Lebe glücklich, lebe heiter.

„Prosit Neujahr!" rufen wir alle aus.
Das neue Jahr bringt Glück ins Haus.

Volksmund

Mario

■ Welches Wort steckt in allen Neujahrswünschen?
Warum wünscht man sich das?

■ Wie viele der kleinen Texte reimen sich? 2 4 5

Texte genau lesen
○ lyrische Texte kennen und unterscheiden

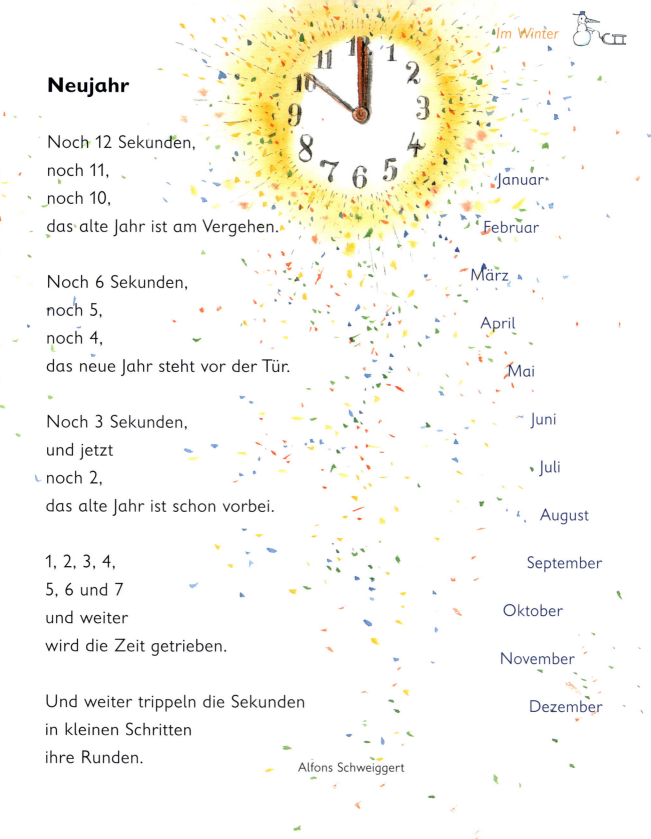

Neujahr

Noch 12 Sekunden,
noch 11,
noch 10,
das alte Jahr ist am Vergehen.

Noch 6 Sekunden,
noch 5,
noch 4,
das neue Jahr steht vor der Tür.

Noch 3 Sekunden,
und jetzt
noch 2,
das alte Jahr ist schon vorbei.

1, 2, 3, 4,
5, 6 und 7
und weiter
wird die Zeit getrieben.

Und weiter trippeln die Sekunden
in kleinen Schritten
ihre Runden.

Alfons Schweiggert

Januar
Februar
März
April
Mai
Juni
Juli
August
September
Oktober
November
Dezember

Im Winter

■ Wie kann man das Ticken der Uhr spielen oder mit Geräuschen begleiten?
Übe den Vortrag mit einem Partnerkind.

selbst gewählte Texte zum Vorlesen vorbereiten und sinngestaltend vorlesen

Im Winter

Die Mutprobe

Lena, Oskar und Sven sind der Geheimbund Schwarze Spinne.
Max will auch dazugehören.
Aber erst muss er eine Mutprobe bestehen:
Er soll über den zugefrorenen Bach laufen.

5 „Das traust du dich sowieso nicht!", sagt Lena.
„Max ist ein Angsthase!", spottet Sven.
„Das Eis ist bestimmt noch nicht dick genug",
sagt Oskar. „Ich finde, Max sollte das lieber lassen."

Wer bei uns mitmachen will, muss beweisen,
10 dass er kein Feigling ist", sagt Lena.

Max sagt gar nichts.
Aber er weiß, dass Oskar recht hat.
Das Eis ist noch zu dünn.

Ein paar Enten watscheln über das Eis.
15 Es hält.
Vielleicht ist es doch schon fest genug?

„Na gut", sagt Max.

88

Im Winter

Er setzt vorsichtig einen Fuß auf das Eis.
„Nicht, Max! Komm zurück!", ruft Oskar erschrocken.
20 Aber Max ist schon mit dem zweiten Fuß auf dem Eis.
Es knackt und knirscht.
„Ja, komm lieber wieder runter.
Vielleicht hat Oskar doch recht!", ruft Lena.

Aber Max dreht sich nicht um.
25 Das Wasser unter dem Eis sieht schwarz
und gefährlich aus.
Das Eis knackt lauter.

Max macht einen großen Schritt.
Und dann noch einen.
30 Er hat schon einen Fuß am Ufer.
Da bricht das Eis.

Aber jetzt ist Max zum Glück schon
mit beiden Beinen auf dem anderen Ufer.
Das war knapp.

35 „Jetzt bist du einer von uns", ruft ihm Sven zu.
„Genau", sagt Lena.
Aber Max kann sich darüber nicht mehr freuen.
„Nein, ich will gar nicht mehr bei euch mitmachen",
sagt Max nach einer Weile.

40 Er dreht sich um und geht.
Vielleicht gründet er ja selbst eine Bande.
Aber eine ohne Mutproben.

Sabine Rahn

■ Lies die Überschrift und den ersten Abschnitt.
Betrachte die Bilder.
Worum geht es wohl in dem Text?

○ Verfahren zur ersten Orientierung über einen Text nutzen

Freundeseite Im Winter

Die Sonne kitzelt schon unter der Mütze

Vor-
frühling …
Die Sonne kitzelt
schon unter der Mütze.
Vorm Vordach in den Eisentopf
plitscht aufgebracht ein **Eiszapfen**
                       Eiszapf
                       Eiszopf
                         tropf
                         tropf
                          t
                          r
                         o
                          p
                         f

                 Günter Saalmann

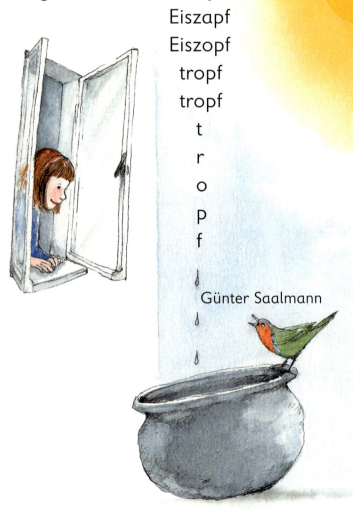

🟥 Was ist das Besondere an diesem Gedicht?

🟥 Wie klingen Tropfen in einem Eisentopf? Probiere es mit einer Freundin oder einem Freund aus. Tragt das Gedicht dann vor.

○ lyrische Texte kennen und unterscheiden
handelnd mit Texten umgehen

Das tut mir gut

Wir
Du
hast mich
und ich
hab dich

Ich und du
wir beide!

Anne Steinwart

Lesetraining

Das tut mir gut

So kannst du mit anderen über einen Text sprechen

Du kannst dich mit deiner Klasse über Texte austauschen.

Du kannst mit einem Partnerkind über einen Text reden.

Du kannst in einer **Lesekonferenz** mit drei bis vier Kindern über einen Text sprechen.

→ **Tipp 1: sagen und begründen, wie man den Text findet**

→ **Tipp 2: eine besondere Stelle vorlesen und die Auswahl begründen**
Suche eine Stelle aus dem Text, die dir besonders gefällt. Erkläre, warum.

... wir alle sind Wunder

○ eigene Gedanken zu Texten entwickeln, zu Texten Stellung nehmen und mit anderen über Texte sprechen

Das tut mir gut

Ich bin ein Wunder

Ich bin ein Wunder:
kann gehen
sehen
mich drehen
ganz wie ich will
kann lachen
Dummheiten
gar nichts machen
kann denken
schenken
ein Auto lenken
kann träumen
klettern in Bäumen
kann trinken
winken
mich wehren
mit Freunden verkehren

Ich
du – er – sie – es
wir alle
sind Wunder

Klaus Kordon

🟥 Wie gefällt dir der Text?
Schreibe deine Meinung in eine Gedankenblase.
Lies deine Meinung der Klasse vor.

○ eigene Gedanken zu Texten entwickeln, zu Texten Stellung nehmen
und mit anderen über Texte sprechen

93

Das tut mir gut

Ich kann was Tolles

„Ich kann vor Wut
meine Fellhaare sträuben
und vor Freude
mit dem Schwanz wackeln",
sagte der Hund
zum Pinguin.
„Und was kannst du?"

„Oh ... Hm ... Ha!
Ich kann bei Eiseskälte
ohne Mütze, Mantel und Schal
in Schnee und Eis herumspielen,
ohne zu frieren", sagte
der Pinguin zum Eichhörnchen.
„Und was kannst du?"

„Ich kann von einem Baum
zum nächsten springen und
so viele Nüsse in meine Backen
stopfen, dass der Vorrat
für viele Tage reicht",
sagte das Eichhörnchen
zur Schnecke.
„Und was kannst du?"

nach Leo Löwe

„Oh ... Hm ... Ha!
Ich kann ..."

🟥 Welches Gespräch gefällt dir besonders gut?
Lies den Abschnitt in einer Lesekonferenz vor.
Was kannst du Tolles? Erzähle es den anderen.

Das tut mir gut

Michaela kann nicht gehen, sie sitzt in einem Rollstuhl und wird geschoben. Sie hasst den Rollstuhl und weigert sich deshalb, allein mit
5 *dem Rollstuhl zu fahren. Bevor sie in die Schule kommen soll, schicken sie ihre Eltern in eine Ferienfreizeit für behinderte Kinder. Hier soll sie das Rollstuhlfahren lernen.*

10 Einmal machte die ganze Gruppe einen Ausflug. Da schütteten sich plötzlich schwarze Wolken aus, sodass die Straße unter Wasser stand. Alle versuchten schnell
15 wegzukommen. Einer von den kleinsten Jungen rutschte wie auf einer Eisbahn mit seinem Rollstuhl an den Straßenrand und kippte die niedrige Böschung hinunter. Alle
20 Betreuer eilten ihm sofort zu Hilfe.

So stand Michaela plötzlich alleine da. Sie sah das Wasser, sah, wie die anderen mit ihren Rollstühlen flitzten, und wurde von Angst
25 gepackt.
Ich kann mich nicht retten!, schrie es in ihrem Kopf. Und ihre Hände griffen wie von selbst nach den metallenen Reifen vor den Rädern.
30 Aber die standen wie festgewachsen.

Die Bremsen!, dachte Michaela. Ich muss die Bremsen lösen! Rechter Hebel, linker Hebel.
35 Da fuhr der Rollstuhl. Michaela drehte die Reifen, so schnell sie konnte, rollte weiter und weiter, hinter den anderen her. Ganz allein, mit der Kraft ihrer Arme.
40 Eine der Betreuerinnen holte sie ein und fasste die Griffe des Rollstuhls. „Ich kann!" schrie Michaela in den Platzregen hinein. „Ich kann alleine!" Und fuhr ihr
45 davon. Alle kamen pitschnass im Heim an. Das war ein Abenteuer! „Besonders für dich!" sagte die Betreuerin zu Michaela. „Jetzt kannst du endlich laufen – auf
50 Rädern.
Das musst du deinen Eltern zeigen. Wenn du willst, können sie dich Sonntag besuchen." Michaela drehte ihren Rollstuhl um die
55 eigene Achse – und fuhr los, als wolle sie nie mehr stillstehen. Die letzten drei Wochen im Heim waren wunderbar. Und danach kam sie in die Schule.

Margaret Klare

■ Lies den Text. Überlege dir eine Überschrift und schreibe sie auf einen Papierstreifen.

◯ zentrale Aussagen eines Textes erfassen und wiedergeben

95

Das tut mir gut

Wann Freunde wichtig sind

Freunde sind wichtig
zum Sandburgenbauen,
Freunde sind wichtig,
wenn andre dich hauen,
Freunde sind wichtig
zum Schneckenhaussuchen,
Freunde sind wichtig
zum Essen von Kuchen.

Vormittags, abends,
im Freien, im Zimmer …
Wann Freunde wichtig sind?
Eigentlich immer!

Georg Bydlinski

🟥 Wann sind Freunde für dich wichtig?
Sprich mit einem Partnerkind über deine Gedanken.
Gestalte ein Freunde-Leporello.

Das tut mir gut

Sandkastenfreunde

Die Freundschaft von Maya und David begann,
als sie gerade mal erst zwei Wochen alt waren.
Später saßen sie zusammen im Sandkasten und
haben sich gegenseitig mit Brezeln gefüttert.
5 Als David das erste Mal allein
beim Bäcker Brötchen holen durfte,
stand Maya ihm tatkräftig zur Seite.
Sie gab die Bestellung auf
und er zählte das Geld ab – perfekte Teamarbeit!
10 Aber dass Maya früher Schwimmen gelernt hat als er,
hat ihn schon ein bisschen gewurmt.
Befreundet sein bringt es oft mit sich,
dass man sich mit dem anderen vergleicht.
Das kann Neid und schlechte Laune wecken.
15 Aber echte Freunde stehen solche Krisen durch
und sind am Ende stolz aufeinander.
Inzwischen sind Maya und David acht Jahre alt.
Sie spielen und reden miteinander, lauschen Hörbüchern,
tauschen Briefmarken und Glasperlen.
20 Und wenn einer von ihnen krank ist,
bringt der andere ihm die Hausaufgaben.
„Wenn einer an einen denkt",
das ist es, was für Maya Freundschaft ausmacht.

■ Klärt die Bedeutung der markierten Wörter
in einer Lesekonferenz.

■ Frage ein anderes Kind, was es unter Freundschaft versteht.

Magazin

Das tut mir gut

Wer ist Toms Freund?

> In der Schule mag mein Freund am liebsten Mathe.
> Er ist lustig, denn er erzählt immer gerne Witze.
> Sein Lieblingssport ist Judo.

1
Jakob ist ein besonders guter Schüler.
Er mag gerne Mathe.
In seiner Freizeit spielt er immer Fußball.

2
Hamad liest gerne Witzbücher.
In der Schule mag er am liebsten Kunst.
Sein Lieblingssport ist Basketball.

3
Marek erzählt gerne gute Witze.
In seiner Freizeit geht er zum Judo.
Außerdem ist er der Beste in Mathe.

**Kennst du die guten Freunde?
Wie heißen sie richtig?**

Hippi Langstrumpf, Thomas und Annika

Max und Müritz

Das Sams und Herr Maschenbier

Die milden Kerle

Jim Kropf und Lukas, der Lokomotivführer

Lösungen S.188

Das tut mir gut

Knobelei

Nele und Pavel wollen gemeinsam mit dem Zug nach Berlin fahren. Nele steigt in den dritten Waggon von hinten ein. Pavel steigt in den fünften Waggon von vorne ein. Beide steigen in denselben Waggon. Wie viele Waggons hat der Zug?

Paul Maar

Scherzfrage

Lisa hat vier Äpfel und möchte sie gerecht unter ihren fünf Freundinnen aufteilen. Wie macht sie das?

Wem gehört die Hand? Ein Spiel für Freunde

Allen Mitspielern werden die 👁 👁 mit einem 🧣 verbunden. Der Spielleiter führt zwei 👦 👧 zusammen. Die beiden geben sich die 🤝. Wer zuerst herausfindet, wessen ✋ er gedrückt hat, hat gewonnen.

Lösungen S.188

Das tut mir gut

Sinan und Felix

Sinan und sein Freund Felix saßen im Park auf einer Wiese. Sie überlegten, was sie spielen sollen.

1

„Ach!", sagte Felix auf Deutsch.
„Ich habe Karten dabei.
Hast du Lust?"
Genau in dem Moment flog
der Fußball von Murat
direkt auf Sinans Kopf.
„Aaaach!", rief Sinan auf
Türkisch. „Das hat weh getan!"
„Özür dilerim!", sagte Murat.
„Bilerek olmadı.".
„Fark etmez!", sagte Sinan.

2

Felix verstand kein einziges
Wort. Das machte ihn wütend.
Sinan war doch sein bester
Freund! Worüber hatte er da
mit Murat gesprochen?
Mutig ging Felix auf den viel
größeren Murat zu. Er schnalzte
auf Deutsch dreimal mit der
Zunge und schüttelte den Kopf.
„Kannst du nicht besser
aufpassen?"
„Was willst du denn?", sagte
Murat und schaute auf Felix
herab. „Ich habe mich doch eben
entschuldigt!"

Ach, das konnte Felix doch nicht
wissen! Er ging lieber zu Sinan
zurück.
„Was ist jetzt?", fragte er ihn
leise. „Hast du Lust
auf ein Kartenspiel oder nicht?"
Da schnalzte Sinan auf Türkisch
einmal mit der Zunge und zog
die Augenbrauen hoch.
„Nö, keine Lust!" Sinan zeigte
auf Murats Ball. „Lass uns doch
lieber Fußball spielen!"
„Au ja!", sagte Murat.

3

Das war Felix gar nicht recht.
Ausgerechnet mit diesem Riesen
wollte Sinan Fußball spielen!
Außerdem kam sich Felix immer
so doof vor, wenn Murat
und Sinan türkisch redeten.
Das macht er bestimmt
absichtlich, dachte Felix.
Er mochte Murat nicht.
„Da verstehe ich doch wieder
kein Wort", sagte er.
‚Hey, bleib mal cool!", sagte
Murat. „Türkisch ist gar nicht
so schwer!"

Das tut mir gut

„Na los, komm schon!" Sinan versuchte Felix zu überreden. „Wir beide gegen Murat, okay?"
60 Na gut! Felix machte mit. Ausnahmsweise.

4

Murat wurde Torwart. „Hadi koş!", rief er und schoss den Ball zu Felix.
65 Typisch Murat! Felix hatte nichts verstanden. Egal. Er rannte los.

Sinan und Felix waren ein starkes Team. Fünf Tore! Und das gegen einen riesigen
70 Torwart. So leicht würde ihnen das keiner nachmachen! „Oho!", sagte Felix auf Deutsch. „Das hätte ich nicht gedacht!" „Ohooo-o!", sagte Sinan
75 auf Türkisch. „Pass mal auf. Wir schaffen noch mal so viele Tore!"

Aygen-Sibel Çelik

Türkisch-deutsches Wörterbuch

Özur dilerim! (ö-sürr di-lä-rimm)	Entschuldigung!
Bilerek olmadı. (bi-lä-rräck oll-ma-de)	Das war keine Absicht.
Fark etmez! (farrck ätt-mäs)	Macht nichts!
Hadi koş! (ha-di kosch)	Los, renn!

🟥 Was sagt Murat im ersten Abschnitt?
Suche die Übersetzung im Türkisch-deutschen Wörterbuch.
Verbinde mit einem langen Papierstreifen.

🟥 Ordne jedem Abschnitt eine passende Überschrift zu.
Schreibe sie auf Papierstreifen. Vergleiche mit einem Partnerkind.

Felix wird wütend   **Ein kleiner Unfall**

Sinan will Fußball spielen   **Ein starkes Team**

---

bei Verständnisschwierigkeiten Verstehenshilfen anwenden: Wörter nachschlagen
○ zentrale Aussagen eines Textes erfassen und wiedergeben

Das tut mir gut

Vom Streiten und Dröhnen
und vom schönen Sichversöhnen

 Ich kann sieben Meter weit spucken! Und du?

Ich siebzehn.

 Mmm! Außerdem kann ich
neunzehn Erdbeerknödel essen.

Und ich dreißig.

 Kannst du nicht!

Kann ich doch!

 Angeber!

Selber Angeber!

 Blödmann!

Schießbudenfigur!

 Schreckschraube!

Spatzenhirn!

 Du bist so was von gemein!
Das gibt es überhaupt nicht!

Und du bist noch viel gemeiner!
Das gibts noch viel weniger!

 Kampfhenne!

Hornochs!

Das tut mir gut

 Rippenbiest!

Speckschwarte!

 Mit dir rede ich nie wieder!
Nie wieder in meinem ganzen Leben.

Und ich will dich nie mehr sehen.
Bis in alle Ewigkeit nicht!
…

 Und nach der Ewigkeit,
sind wir dann wieder gut?

Vielleicht.

 Und wenn ich dir
ein Stück Wassermelone schenke?

Ja, dann … dann bestimmt …

 Dann können wir um die Wette spucken.

Aber wir spucken gleich weit, abgemacht?

 Abgemacht!
Obwohl ich weiter spucken kann als du …

Das glaubst aber auch nur du!

Gerda Anger-Schmidt

- Was findest du an dem Text witzig? Was findest du nicht so lustig?
  Sprich mit einem Partnerkind.

- Tragt den Text gemeinsam vor. Wie müsst ihr sprechen?
  Schaut euch die Gesichter an.

Magazin

Das tut mir gut

Leicht und schwer

Es ist leicht,
andere zu beschimpfen:
Du Quatschkopf!
Du Rindvieh!
Du Sauertopf!
Du Depp!
Du Miesepeter!
Du Idiot!
Du Nasenbär!
Du Schwein!
Da findet man
ohne langes Überlegen
schnell die passenden Worte.

Es ist schwer,
anderen etwas Nettes zu sagen:
Du
Du
Du
Du
Du
Du
Du
Du
Da findet man
trotz langem Überlegen
schwer die passenden Worte.

Manfred Mai

■ Finde passende nette Worte für deinen Freund
oder deine Freundin. Schreibe die Worte
auf ein Freundschaftsband. Verschenke es.

104 handelnd mit Texten umgehen

Im Frühling

Frühling ist dann,
wenn dein Fuß
auf drei Gänseblümchen
gleichzeitig treten kann.

Lesetraining *Im Frühling*

So kannst du ein Gedicht auswendig lernen

→ **Tipp 1: Bilder zum Gedicht malen**
- Male zu jeder Strophe des Gedichts ein Bild.
- Versuche, die Strophe auswendig zu sprechen. Nutze das Bild.

→ **Tipp 2: immer mehr Text abdecken**
- Lege einige Spielsteine auf den Text. Versuche, die verdeckten Stellen auswendig zu sprechen.
- Decke immer mehr Text ab, bis du das ganze Gedicht auswendig sprechen kannst.

→ **Tipp 3: Gedicht auf Kassette aufnehmen**
- Lies das Gedicht laut und nimm deinen Vortrag auf Kassette auf.
- Höre das Gedicht immer wieder ab und sprich dabei laut mit.

106　Geschichten, Gedichte und Dialoge vortragen, auch auswendig

Im Frühling

Frühling

Eines Morgens
ist der Frühling da.
Die Mutter sagt,
sie riecht ihn in der Luft.

Pit sieht den Frühling.
An den Sträuchern im Garten
sind hellgrüne Tupfen.

Anja hört den Frühling.
Neben ihr, auf dem Dach,
singen die Vögel.

Unten vor dem Haus
steigt Vater in sein Auto.
Er fühlt den Frühling.
Die Sonne scheint warm
auf sein Gesicht.

Aber schmecken
kann man den Frühling
noch nicht.
Bis die Erdbeeren reif sind,
dauert es noch lange.

Christine Nöstlinger

Frühling ...

Ich rieche ...
Ich sehe ...
Ich höre ...
Ich fühle ...
Ich schmecke ...

■ Übe, das Gedicht laut vorzutragen.
Wähle dann eine Strophe aus und lerne sie auswendig.
Nutze einen Tipp von Seite 106.

Im Frühling

Die Tulpe

Dunkel
War alles und Nacht.
In der Erde tief
Die Zwiebel schlief,
Die braune.

Was ist das für ein Gemunkel,
Was ist das für ein Geraune,
Dachte die Zwiebel,
Plötzlich erwacht.
Was singen die Vögel da droben
Und jauchzen und toben?

Von Neugier gepackt,
Hat die Zwiebel einen langen Hals gemacht
Und um sich geblickt
Mit einem hübschen Tulpengesicht.

Da hat ihr der Frühling entgegengelacht.

Josef Guggenmos

Meine Tulpe
Du brauchst:
• eine braune Kaffeefiltertüte
• rotes und grünes Seidenpapier
• ein Holzstäbchen
• Klebstoff, eine Wattekugel

🟥 Lerne das Gedicht auswendig. Nutze einen Tipp von Seite 106.
Spiele das Gedicht mit einer gebastelten Tulpe nach.

🟥 Spiele das Gedicht noch einmal. Du bist die Tulpe.

Im Frühling

Frühlingsboten

Blümchen am Wege,
Blümchen am Stege*,
Blümchen, blüh,
Frühling ist hie**!

Volksgut

Und aus der Erde schauet nur
alleine noch Schneeglöckchen,
so kalt, so kalt ist noch die Flur,
es friert im weißen Röckchen.

Theodor Storm

Der Frühling kommt oft unverhofft
in unsern kleinen Garten.
Hat gar nicht an das Tor geklopft,
weiß, dass wir auf ihn warten.

Janosch

Die Glockenblume
mit ihrem Gebimmel
so schmetterlingsleise –
ist blau wie der Himmel.

Heinz Kahlau

Veilchen stellt ein braves Kind
in ein Glas, wenn es sie find't.
Findet sie jedoch die Kuh,
frißt sie sie und schmatzt dazu.

Bertolt Brecht*

*Dieser Text verwendet die bis 1998 gültige, heute überholte Rechtschreibung und Zeichensetzung.

🟧 Lies dein Lieblingsgedicht einem Freund oder einer Freundin vor. Du kannst es auch auswendig vortragen. Vielleicht fällt dir auch eine Melodie ein.

* kleine Brücke
** hier

- Texte begründet auswählen
- Geschichten, Gedichte und Dialoge vortragen, auch auswendig

Im Frühling

Ostermorgen

Der Garten dick verschneit. „Ah!" – „Oh!" –
Die ganze Familie staunt.
„Eierverstecken fällt in diesem Jahr aus",
erkläre ich.
Widerspruch: „Versteckt wird!"
„Na gut, aber im Hause."
„Nein, im Garten."

Ich ziehe los, Spankorb am Arm.
Hier ein Grasbüschel,
da eine Astgabel*.
Ich wende alle List** an,
um die bunte Eierfuhre
in ein Versteck zu bringen.

Aufbruch in die Winterstille des Ostermorgens:
Frau, Tochter, Sohn. Hallodria. Geschrei.
Nach kurzer Zeit sind
alle Geschenke wieder im Korbe.
„Das ging aber rasch", sage ich.
„Keine Kunst – deine Spuren im Schnee …"

Werner Lindemann

* Stelle, an der sich ein Ast verzweigt
** kluger Einfall

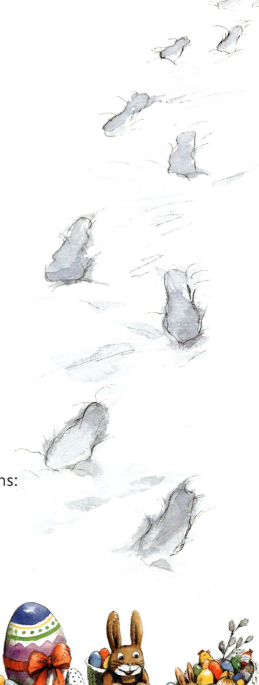

🟥 Die Ostergeschenke wurden schnell gefunden. Erkläre, warum.

110   zentrale Aussagen eines Textes erfassen und wiedergeben

Kleine Ostergeschenke

Osterkarte

Dies Eichen aus dem Hühnernest das schenk ich dir zum Osterfest
Volksgut

Osterüberraschung

Du brauchst:
eine leere Streichholzschachtel,
ein wenig Ostergras,
weißes Papier, Farbstifte,
Klebstoff, Schere

So geht es:
1. Beklebe die Streichholzschachtel außen mit weißem Papier.
2. Schreibe „Frohe Ostern" oben auf die Schachtel. Male dazu.
3. Klebe in die Schachtel etwas Ostergras.
4. Zeichne einen Osterhasen auf weißes Papier. Schneide ihn aus und klebe ihn auf das Ostergras.
5. Schiebe nun die Streichholzschachtel zusammen.

■ Wähle eine Idee aus und gestalte dein Ostergeschenk.

Magazin

Im Frühling

Wer ist der schnellste Zungenbrechersprecher?

Im Frühling frühstückt Fritz frühmorgens vorzüglichen Früchtequark.
Frau Schmitt schnitt schönen Schnittlauch für ihre Schnittlauchschnitte.
Blaue Blumen blühen bald im Beet, im Beet blühen bald blaue Blumen.

1 Welches Glöckchen läutet nicht?

2 Es blüht versteckt, blau und bescheiden, den süßen Duft mag jeder leiden. Welche Blume ist das?

3 Welcher Vogel kehrt im Frühling zurück und legt seine Eier in fremde Nester?

4 Welche Blume ist nach einem wilden Tier benannt?

5 Welches Kätzchen fängt keine Maus?

6 Welche Blume würde dir gerne helfen, Türen zu öffnen?

7 Er nistet auf den Dächern, hat lange rote Beine, weiße große Flügel, einen langen Schnabel und legt Eier. Wer ist das?

8 Was ist das? Ein Haus voll Essen, die Tür vergessen.

Welche Blume ist nach einem wilden Tier benannt?

Hefte einen Rätselblock zusammen. Stelle die Rätsel deinen Eltern und Großeltern vor.

112

Lösungen S. 188

Im Frühling

Drei faule Eier in jeder Zeile gesucht

Eierbecher, Eigelb, Eiersalat, Eistüte, Eierkuchen
Glockenblume, Frühlingsbluse, Schlüsselblume, Ringelblume
Osterhase, Ostereier, Ostsee, Ostergeschenke, Ostermorgen

Häschenwitz

Häschen trifft einen Fisch und fragt:
„Haddu Schuppen?"
„Natürlich", sagt der Fisch. Darauf das Häschen:
„Muddu Haare waschen."

Ei Ei

Welches Tier legt welche Eier?

1 Huhn   a

2 Schildkröte   b

3 Schmetterling   c

4 Schnecke   d

Dies Haus
hat keine Ecken.
Ist was Gutes drin,
lass es dir schmecken.
Steigt heraus ein Kikeriki,
hast du Musik
um vier in der Früh.

Josef Guggenmos

Lösungen S.188   113

Im Frühling

Störche

Es ist April.
Die Störche sind aus Afrika zu uns zurückgekehrt.
Mit ihrem weißen Gefieder und den schwarzen Flügeln
sind sie schon von weitem zu sehen.

Storch und Störchin bauen auf hohen Dächern
und Schornsteinen gemeinsam ihr Nest.
In ihrem langen, roten Schnabel schleppen sie
Zweige heran und flechten geschickt
ein großes Nest. Die flache Mulde
polstern sie mit trockenem Gras,
Federn und Papierfetzen aus.

Mitte April legt die Störchin 3 bis 5 Eier in das Nest.
Die Storcheneltern wechseln sich beim Brüten ab.
Nach etwa 30 Tagen schlüpfen die Jungen.
Sie werden von Storch und Störchin gemeinsam gefüttert.

Auf feuchten Wiesen und Äckern stelzen* sie
mit ihren langen, roten Beinen umher.
Sie suchen für sich und ihre Jungen
Frösche, Mäuse, Maulwürfe und Schlangen.
Auch Würmer und Insekten fressen sie.

Störche sind Zugvögel. Im August
fliegen sie in großen Gruppen
in ihr Winterquartier.

*gehen

■ Ordne jedem Abschnitt des Sachtextes eine passende Überschrift zu.
Schreibe sie auf Papierstreifen. Vergleiche mit einem Partnerkind.

| So bauen Störche ihr Nest | Das fressen Störche | Rückkehr aus Afrika |

| Abflug ins Winterquartier | So ziehen Störche die Jungen auf |

114   zentrale Aussagen eines Textes erfassen und wiedergeben   AH S. 34

Im Frühling

„Live" im Storchennest

Wenn du im Internet auf die Seite **www.storchennest.de** gehst, dann kannst du über den Link „Live-Video" ein Storchennest in Vetschau (Spreewald) „live" beobachten. Das heißt, du kannst genau sehen und hören, was gerade in diesem Storchennest passiert. Außerdem gibt es dort noch viel Wissenswertes über Störche zu lesen.

Ein Storch beim Abflug

Wusstest du schon?

Störche werden meist acht bis zehn Jahre alt. Sie können aber auch bis zu 35 Jahre alt werden.

🟥 Suche die Informationen auf dieser Doppelseite.
- Wie viele Eier legt die Störchin im April ins Nest?
- Wie alt werden Störche meistens?
- Wie lang ist der Schnabel eines Storchs?

gezielt einzelne Informationen suchen

115

Im Frühling

Das Geburtstagsgeschenk

„Maja-Lotta hat **Geburtstag** und wir wissen nicht, was wir
ihr **schenken** sollen", gackerten Prillan und Doris durcheinander.
Findus stand hinter den Johannisbeerbüschen
und schnupperte an den neuen Blättern.
5 Sie rochen stark und irgendwie anders.
Unter den Zweigen saßen alle Hühner außer Maja-Lotta
und **beratschlagten sich** gackernd.
Sie hatten den Augenblick abgepasst, in dem Maja-Lotta
zum Eierlegen in den Hühnerstall gegangen war.
10 „Sie wünscht sich ein Spiel", sagte Gull-Fia.
„Oder **Parfüm**", gackerte Stina-Fina.
„Ich finde, wir machen ihr ein **Spiel**", antwortet Sofia-Fia.
„Macht ihr doch ein Memory-Spiel!", rief Findus.
„Davon habt ihr wepsigen* Tanten alle was. Macht eins aus Gerüchen!
15 Um diese Jahreszeit gibt es so viele gute Düfte. Und ich werde
ihr ein Parfüm machen."
Ich mach so viel, dass es für euch alle reicht. Und für Gustavssons
Sau gleich mit, dachte er. Die kann es gebrauchen …

Sven Nordqvist   *unruhig, nervös

🟥 Erzähle einem Partnerkind die Geschichte mit eigenen Worten.
Nutze die fett gedruckten Wörter.

Im Frühling

So ein verrückter Tag

ein Sturmtag

ein Hageltag

ein Sonnentag

ein Schneetag

ein Windtag

ein Wolkentag

ein Sonnentag

ein Regentag

ein Regenbogentag

im April

Erich Jooß

- Übe das Gedicht vorzutragen.
  Probiere aus, welche Betonung zu den verschiedenen Tagen passt.
- Wähle dir dann einen Tag aus und gestalte das Wort dazu.

Geschichten, Gedichte und Dialoge vortragen, auch auswendig
handelnd mit Texten umgehen

Freundeseite *Im Frühling*

„Ich hab dich lieb"–Tage im Frühling

Ich hab dich so lieb!
Ich würde dir ohne Bedenken
Eine Kachel aus meinem Ofen
Schenken.

Joachim Ringelnatz

Ein langes Gedicht,
das merk ich mir nicht.
Drum sag ich nichts mehr
als: Ich liebe dich sehr.

unbekannter Verfasser

Ich schreib auf diese Seite
nur diesen einen Satz:
Ich mag dich wirklich – heute!
Für morgen ist auf einer anderen Seite Platz.

Peter Härtling

Ich liebe dich so fest
wie der Baum seine Äst
wie der Himmel seine Stern,
so hab ich dich gern.

Volksgut

I love pink
I love blue
But best of all,
I love you.

■ Schreibe dein Lieblingsgedicht in ein Herz, eine Sonne oder Blume.
Schenke das Gedicht jemandem, dem du eine Freude bereiten möchtest.

Mit Tieren leben

Auf der Erde neben mir
sitzt das große schwarze Tier.
Manchmal leckt es meine Wange,
denn wir kennen uns schon lange.

Frantz Wittkamp

Lesetraining Mit Tieren leben

So kannst du einen Text mit eigenen Worten wiedergeben

→ **Tipp 1: wichtige Wörter herausschreiben**
- Lies jeden Abschnitt einzeln.
- Schreibe drei bis fünf wichtige Wörter heraus.
- Erzähle den Inhalt des Textes. Nutze deine Wörter.

→ **Tipp 2: Überschriften formulieren**
- Lies jeden Abschnitt einzeln.
  – Worum geht es?
  – Was ist das Wichtigste?
- Schreibe das als Überschrift oder als Satz auf.
- Erzähle den Inhalt des Textes. Nutze deine Sätze.

→ **Tipp 3: Bilder zum Text malen**
- Lies einen Abschnitt.
- Welches Bild entsteht in deinem Kopf? Male das Bild.
- Male so ein Bild zu jedem Abschnitt.
- Erzähle den Inhalt des Textes. Nutze die Bilder.

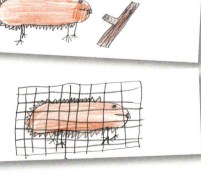

Mit Tieren leben

Wie pflegen Nagetiere ihr Gebiss?

Meerschweinchen, Ratten und andere Nager brauchen ständig etwas zu nagen, um ihre Nagezähne kurz zu halten.

Würde man Nagetiere in einem Käfig halten, wo es nichts zu nagen gäbe, und ihnen nur Haferbrei vorsetzen, müssten sie bald verhungern. Sie könnten kein Futter mehr aufnehmen.

Beim Nagen nutzen diese Tiere ständig ihre Nagezähne ab.
Viele Meerschweinchen, die in Gefangenschaft gehalten werden, haben ernsthafte Zahnprobleme.
Das passiert, wenn die Meerschweinchen nichts zum Nagen bekommen.

Schon wenn die Nagezähne nur ein kleines Stück zu lang sind, können die Tiere nicht mehr richtig zubeißen.
Da hilft nur der Tierarzt.
Er feilt ihnen die Zähne auf die richtige Länge zurecht.

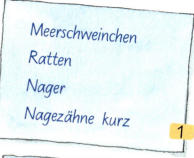

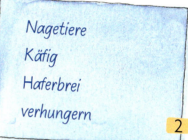

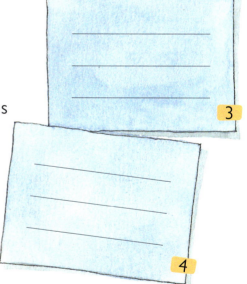

▬ Schreibe die ersten beiden Kärtchen ab und ergänze die Kärtchen zu den Abschnitten 3 und 4.
Decke den Text ab. Informiere ein Partnerkind über den Inhalt des Textes mit Hilfe der Kärtchen.

○ Texte mit eigenen Worten wiedergeben

Mit Tieren leben

Das Kaninchen

Das Kaninchen kommt ursprünglich aus Spanien und gehört zu den Nagetieren. Ein ausgewachsenes Kaninchen ist ungefähr zwischen 35 und 45 cm groß. Es gibt bei den Kaninchen über 35 Rassen in 100 verschiedenen Farbvarianten. Ein Kaninchen kann man zu Hause in einem Käfig halten.

Ein- bis zweimal in der Woche muss der Käfig gereinigt werden. Dazu wird er mit heißem Wasser und Spülmittel nass ausgewaschen. Die Näpfe und die Trinkflasche müssen täglich gründlich gespült und frisch gefüllt werden.

Ein Kaninchen frisst Körnerfutter. Obst, Gemüse, Löwenzahn und ab und zu ein Kanten Brot sorgen dafür, dass das Kaninchen gesund und munter bleibt.

Ein Kaninchen ist nicht gern allein und braucht andere Lebewesen um sich. Es wird schwermütig, wenn es den ganzen Tag in seinem Ställchen allein sein muss. Wer den ganzen Tag über nicht zu Hause ist, sollte dem Kaninchen einen Gefährten dazukaufen. Das kann ein Meerschweinchen oder Chinchilla sein.

■ Schreibe auf Papierstreifen zu jedem Abschnitt eine passende Überschrift.

■ Was hast du dir gemerkt? Gib den Inhalt mit Hilfe der Überschriften wieder.

Mit Tieren leben

Inga

Als Inga aus der Schule nach Hause kam,
war der Vater so komisch.
„Ist etwas?", fragte sie.

„Es ist etwas Trauriges passiert.
Dein Häschen ist tot", sagte er.

Einen Augenblick war Inga ganz still,
dann füllten sich ihre Augen mit Tränen.

Der Vater nahm sie in die Arme.

„Wo ist Nischka? Kann ich ihn sehen?",
fragte sie.

„Ich habe ihn draußen im Garten
zwischen den beiden Büschen begraben",
sagte der Vater.

„Ich hätte ihn doch so gern
noch einmal gesehen",
sagte Inga und ging hinaus.

Nach einiger Zeit kam sie zurück
und ging in ihr Zimmer.

Arnold Grömminger

🟥 Es ist etwas Trauriges passiert. Erzähle.

Mit Tieren leben

Katzensprache

Auf den Rücken legen:
„Ich vertraue dir!"
Schnurren:
„Ich brauche deine Zuneigung."
Schwanz pendelt hin und her:
„Ich bin auf der Lauer."
Rhythmische, massierende
Tritte mit den Vorderbeinen:
„Ich fühle mich wohl!"
Fauchen:
„Jetzt bin ich aber böse!"

Edith Thabet · Sabine Dreyer

Fragen an Katzenkenner

Können Katzen Farben sehen?
Nein, Katzen sind farbenblind, sie sehen nur schwarz-weiß.
Aber sie können auch im Dunkeln sehen, weil ihre Augen
sehr lichtempfindlich sind.

Warum fangen meine beiden Katzen immer Fliegen und fressen sie auf? Sie bekommen doch genug Futter.
Wenn sich in der Umgebung etwas bewegt, wird die Katze sofort
aufmerksam. Denn obwohl sie keine Beute mehr fangen muss,
um satt zu werden, hat sie noch ihr Jagdfieber. Also schnappt sie nach
Insekten, fängt Mäuse und Vögel – und frisst sie manchmal auch.

■ Können Katzen Farben sehen?

Mit Tieren leben

Für Katzenliebhaber

Ich bitte um Hilfe!
Am Sonnabend, dem 29.11., ist mein Kätzchen weggelaufen.
Es hat ein hellbraunes Fell, einen weißen Fleck auf der Stirn
und weiße Pfötchen.
Bitte, bitte melden Sie sich bei mir, wenn Sie es sehen.
Meine Telefonnummer: 2 25 81 09

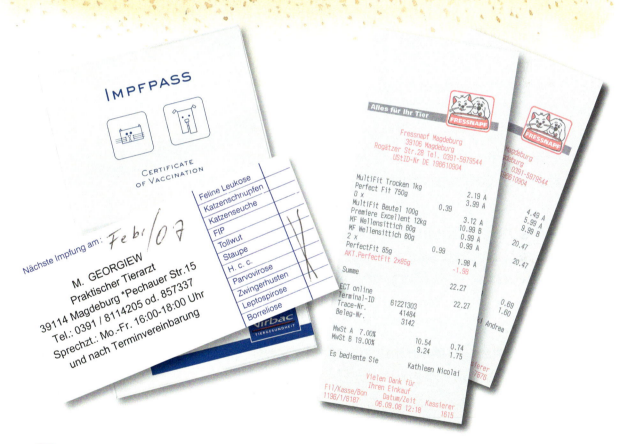

Schreibe die Textarten auf Papierstreifen. Ordne sie den Texten zu.
- Visitenkarte
- Suchanzeige
- Kassenzettel
- Impfpass

verschiedene Sorten von Sach- und Gebrauchstexten kennen

Mit Tieren leben

Matthias

„Du musst mir helfen", sagte Matthias.
„Wobei?", fragte der Vater.
Er schaute vom Aquarium auf.
„Es ist wichtig", sagte Matthias.
5 „Da ist ein Hund, in der Völkerstraße,
ein junger Hund.
Der ist dauernd an der Kette."
„Hm", sagte der Vater.
„Er leidet", sagte Matthias. „Hunde sind Lauftiere.
10 Wir müssen was unternehmen", sagte er.
„Was wollen wir unternehmen?", fragte der Vater.
„Wir könnten ihn klauen", sagte Matthias.
„Es ist doch klar, dass das verboten ist", sagte der Vater.
Er krümelte irgendetwas ins Aquarium hinein.
15 „Warum ist es nicht verboten,
dass ein Hund so unglücklich ist?", fragte Matthias.
„Hast schon recht, aber da kann man nichts machen."

Zuerst glaubte Matthias nicht, dass das alles war,
was sein Vater sagte und tat. Sein Vater war gegen
20 jede Ungerechtigkeit. Er konnte es nicht glauben.
Aber sein Vater strich ihm übers Haar und ließ ihn stehen.
Matthias schluckte. Dann zog er seine Jacke an
und ging in die Völkerstraße.

Der Hund kannte ihn schon
25 und schrie wieder in diesem
jämmerlichen, hellen Tonfall.
Er war jung.
Er wollte laufen und spielen.
„Schade", sagte Matthias.

Mit Tieren leben

30 Plötzlich stand ein Mann da. „Willst du was?", fragte er.
„Ich spreche nur mit dem Hund", sagte Matthias.
Der Mann sah ihn an, begriff wohl nicht.
„Ist es Ihr Hund?", fragte Matthias. „Ja", sagte der Mann.
„Er ist immer an der Kette", sagte Matthias.
35 „Und?", sagte der Mann. Matthias fühlte,
wie sein Herz gegen die Rippen klopfte.
„Ein Hund braucht Bewegung", sagte er.
„Ich hab andere Sorgen", sagte der Mann.
„Ich würde mit ihm spazieren gehen",
40 sagte Matthias. „Jeden Tag."
„Er wird abhauen", sagte der Mann.
„Nein", sagte Matthias.

Ein wenig später hielt er die Leine in der Hand.
Der Hund sprang an ihm hoch. Er lacht,
45 dachte Matthias. Und er dachte noch etwas.
Da konnte man doch etwas machen, dachte er.

Gina Ruck-Pauquèt

Ein Hund braucht Bewegung

Da kann man doch etwas machen

Kann Vater wirklich nichts machen?

Ein unglücklicher Hund

🟥 Ordne jede Überschrift einem passenden Abschnitt zu. Erzähle dann den Text.

Ein Hundegeschenk

Du brauchst: eine Zeitung, Leckerlis, ein Spielzeug (Ball, Plüschtier), einen Schuhkarton.
Wickle das Spielzeug und die Leckerlis in das Papier. Je nach Schwierigkeitsgrad kannst du auch alles mehrfach einwickeln. Lege die Pakete in den Schuhkarton.
Ideal ist dieses Spiel für Hunde, die in ihrer Bewegung eingeschränkt sind.

🟥 Der blaue Text ist:
- eine Spielanleitung?
- ein Rezept?
- eine Werbung?

○ Texte mit eigenen Worten wiedergeben
○ verschiedene Sorten von Sach- und Gebrauchstexten kennen

Magazin

Mit Tieren leben

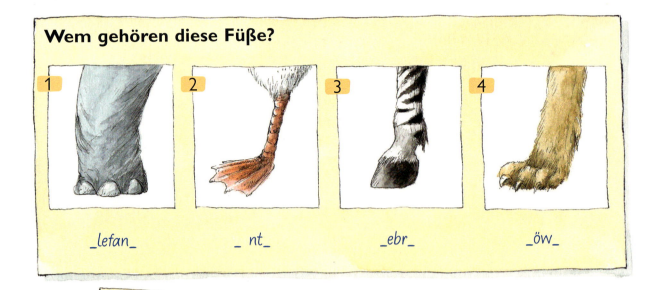

Wem gehören diese Füße?

1 _lefan_   2 _ nt_   3 _ebr_   4 _öw_

Welche Tiere haben sich in den Wörtern versteckt?

Schlamm   Beule   Kaffee   Zebrastreifen   Rente   Blumenstrauß   Sommerabend   Leselampe

L

Wahr oder gelogen?

	wahr	gelogen
Katzen sind farbenblind. Sie sehen nur schwarz-weiß.	P	T
Hunde können nicht gut riechen.	A	R
Es gibt Goldfische, die 40 Jahre alt werden.	I	S
Hamster schlafen in der Nacht.	T	M
Nicht alle Papageien können sprechen lernen.	A	B

Lösungen S.188

Mit Tieren leben

Wer ist der schnellste Zungenbrechersprecher?

Braune Bären bringen ihren Brüdern bunte Beeren.

Sieben Smaragde zieren sieben Silberschalen.

Zweiundzwanzig Zeisige zwitschern auf zweiundzwanzig Zwetschgenzweigen.

Knobelei

Lene hat drei Hasen: Toni, Hoppel und Lolo.
Lolo ist größer als Hoppel.
Toni ist auch größer als Hoppel, aber kleiner als Lolo.
Hoppel ist kleiner als Toni.
Welcher Hase ist am größten?

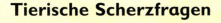

Tierische Scherzfragen

Was ist beim Elefanten klein und bei der Laus groß?

Welcher Hase läuft auf zwei Beinen?

Welche fünf Tiere verstecken sich in der Hecke?

VÖ   SE   KÄ   RAU   NEN

PEN   GEL   SPIN   FER   MÄU

Lösungen S.188   129

Mit Tieren leben

Kleine Tiere auf der Wiese

Welches Tier kriecht hier?

Das Tier trägt manchmal sogar ein Haus bei sich.
Es fühlt sich weich und feucht an.
Das Tier ernährt sich von Pflanzen.
Beim Kriechen hinterlässt das Tier
eine Spur aus Schleim.

Welches Tier springt hier?

Das Tier ist grün und seine Hinterbeine
sind lang und kräftig.
Mit diesen Beinen kann das Tier
weit springen.
Es frisst am liebsten Gräser.
Wenn du das kleine Tier fangen möchtest,
dann hüpft es schnell davon.

Mit Tieren leben

Welches Tier kriecht hier auf dem Boden?

Schleimig und feucht fühlt sich das Tier an.
Es hat keine Beine, kann sich aber schnell bewegen.
Abgefallene Blätter, welke Grashalme
und tote Pflanzenteile frisst das Tier gerne.
Das Tier gräbt Gänge durch den Boden.
So wird der Boden schön locker.

Welches Tier sitzt hier an dem Grashalm?

Das Tier ist rot und schwarz.
Blattläuse sind seine Lieblingsspeise.
Es kann sehr gut fliegen.
Das Tier wird auch Siebenpunkt genannt.
Weißt du, warum?

■ Löse die Rätsel.
Welche Textstellen haben dir geholfen?

Texte genau lesen

Freundeseite

Mit Tieren leben

Ein Gespräch

Das Schaf, es fragt den Bauern:
„Was machst denn du?"
Der sagt: „Na, schau doch zu!
Ich säe."
Der Bauer fragt das Schaf:
„Und was machst du?"
Das sagt: „Na, hör doch zu!
Ich mähe!"

Paul Maar

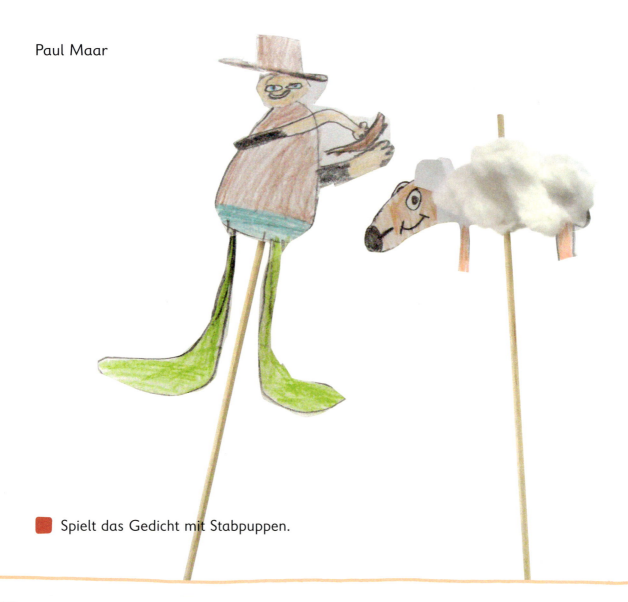

■ Spielt das Gedicht mit Stabpuppen.

Bei uns und anderswo

Was ich dir wünsch?
Ich weiß schon was!
Ich wünsch dir eine Reise.
Ich stell dir einen Fahrschein aus.
Sag nur wohin! Sag's leise!

Elisabeth Borchers

Lesetraining   *Bei uns und anderswo*

So kannst du schnell Informationen in verschiedenen Texten finden

→ **Tipp 1: sich an den Überschriften orientieren**

Viele Texte haben (verschiedene) Überschriften.
Lies zuerst die Überschriften.
Sie geben dir einen Tipp,
worum es im Text geht.

→ **Tipp 2: sich an Bildern orientieren**

Viele Texte haben Bilder. Betrachte die Bilder vor dem Lesen.
Sie geben dir einen Tipp, worum es im Text geht.

→ **Tipp 3: sich an einem Inhaltsverzeichnis orientieren**

Viele Bücher und Zeitschriften haben ein Inhaltsverzeichnis.
Lies zuerst das Inhaltsverzeichnis.
Es gibt dir einen Überblick über den Inhalt.
Es informiert dich, auf welchen Seiten die verschiedenen Texte
und Themen stehen.

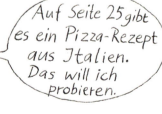

Bei uns und anderswo

Wie Menschen wohnen – überall auf der Welt

In unserem Zuhause fühlen wir uns sicher und geborgen.
Es bietet uns Schutz vor dem Wetter.
Überall auf der Welt wohnen Menschen ganz unterschiedlich.

Wohnen auf dem Wasser

Einige Menschen arbeiten an und auf Flüssen. Oft wohnen sie deshalb auf einem Hausboot.

Ein rollendes Haus

Manche Menschen müssen ständig ihren Arbeitsplatz wechseln. Sie nehmen ihr Haus auf Rädern mit.

Auf dem Baum zu Hause

Die Korowai leben im Dschungel. In ihren Baumhäusern sind sie vor gefährlichen Tieren geschützt.

Ein Haus aus Schnee

Wenn die Inuit wochenlang auf der Jagd umherziehen, bauen sie sich ein Iglu: ein Haus aus Schnee.

■ Lies nur die Überschriften und betrachte die Fotos. Worum geht es auf dieser Seite?

○ Informationen in Druck- und elektronischen Medien suchen

Bei uns und anderswo

Die Welt der Sprachen

Mit einer Sprache aufwachsen
Die meisten Menschen wachsen als
kleine Kinder mit einer Sprache auf.
Das ist ihre Muttersprache.

Mit zwei Sprachen aufwachsen
Manche Eltern kommen aus verschiedenen Ländern.
Kinder in solchen Familien sprechen oft von
Anfang an schon zwei Sprachen.

So viele Sprachen auf der Welt
Auf der Welt gibt es ungefähr
zehntausend Sprachen.
Und in jeder dieser Sprachen gibt es
unendlich viele Möglichkeiten, etwas zu sagen.
Man braucht Wörter dafür. Baum und Haus und Tisch.
Oder weinen, lachen und singen.
Oder schön, lustig und gelb.
Mit diesen Wörtern können wir unendlich
viele Sätze zusammenbauen.
Und das können wir in allen Sprachen der Welt.
Welche Sprachen kennst du?

■ Wie viele Sprachen gibt es auf der Welt?
Suche den Textabschnitt,
in dem die Information steht.
Orientiere dich dabei an den Überschriften.

Bei uns und anderswo

Wir verstehen uns alle sehr gut

Moritz sagt:
Hier sind meine Freunde.

Tom aus England — *Good morning*

Guten Tag

Kim aus Vietnam — *Chào ban*

Pawel aus Polen — *Dobry den*

Kemal aus der Türkei — *Merhaba*

Maria aus Italien — *Buon giorno*

Tania aus Russland — *Dobryi djen*

■ Welche Wörter in anderen Sprachen kennst du?
Sammle sie in einem kleinen Wörterheft. Ordne nach dem Alphabet.

handelnd mit Texten umgehen 137

Bei uns und anderswo

Neuigkeiten aus aller Welt

Auf der Internetseite **www.nationalgeographic-world.de** werden interessante Neuigkeiten aus der ganzen Welt vorgestellt. Wenn man ein Bild anklickt, erscheint ein längerer Text.

Strom aus dem Meer
Windräder im Meer könnten uns bald mit elektrischem Strom versorgen.

Wer spricht denn da?
Berlin: In Deutschlands Hauptstadt sprechen die Mülleimer. Und das sogar in drei Sprachen!

Ertappt!
Lügen haben kurze Beine. Mit dem neuen Lügendetektor auf jeden Fall!

Adoptiere mich!
Mit etwas Geld kannst du kranken und verletzten Koalas in Australien helfen.

Neuer Dino
Fluss Narmada, Indien: Ein Fund sorgt unter den Paläontologen für Aufruhr. Der bislang unbekannte Dino soll vor 65 Millionen Jahren gelebt haben.

Alarm bei Elefanten
Afrika und Asien: Elefanten haben große Füße, und wenn Gefahr droht, stampfen sie kräftig auf, um sich zu warnen.

■ Du möchtest etwas über sprechende Mülleimer erfahren. Welches Bild musst du anklicken?

138 ○ Angebote im Netz kennen und begründet auswählen AH S. 39

Bei uns und anderswo

Essen anderswo – zum Beispiel in Japan

Bei uns setzt man sich zum Essen auf einen Stuhl oder auf eine Bank an einen Tisch.
Doch in **Japan knien** die Menschen beim Essen um einen sehr **niedrigen Tisch** herum.
Sie essen mit **Stäbchen** und nicht mit Messer und Gabel.
Für die Menschen aus **Europa** wäre solch eine **Sitzhaltung** sehr **unbequem** – die **Japaner** sind sie gewohnt und finden sie **gemütlich**.

Man muss als **Gast in Japan** jedoch nicht diese Haltung einnehmen, wenn es die Gelenke nicht mitmachen: In vielen **japanischen Restaurants** befinden sich **im Boden Löcher**, wo die ausländischen Gäste ihre Beine hineinstellen können.

Verena Lugert

- Lies den Text genau.
  Informiere ein Partnerkind über den Inhalt des Textes.
  Nutze dazu die fett gedruckten Wörter und die Bilder.

Texte mit eigenen Worten wiedergeben

Magazin

Bei uns und anderswo

Länder-Silbensalat aus sechs Ländern

UN RUSS FRANK KEI REICH PO DEN SCHWE GARN TÜR LAND LEN

Was gibt es hier zu essen?

Verdrehtes Buchstabenmenü

Vorspeise
Chinesische Sudelnuppe

Hauptspeise
Italienische Pizza mit Surkengalat

Nachspeise
Russische süße Piroggen mit Bimheeren

Die Zahl 1 in verschiedenen Sprachen

eins	Deutsch
uno	Spanisch
one	Englisch
bir	Türkisch
jeden	Polnisch
egy	Ungarisch

140 Lösungen S.188

Bei uns und anderswo

Wer isst welches Brot?

1   Jane lebt in England.
Zum Frühstück isst sie am liebsten heißen **Toast**
(sprich: Toost) mit Butter und Marmelade.

a

2   Jaques lebt in Frankreich.
Mama hat ihn zum Bäcker geschickt.
Dort kauft er **Baguette** *(sprich: Bagett).*
So heißt die lange leckere Weißbrotstange.

b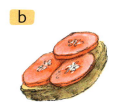

3   Robert lebt in Italien.
Seine Lieblingsspeise ist Weißbrot mit Olivenöl,
Tomaten und Knoblauch.
Das Weißbrot heißt auf Italienisch **Ciabatta**
(sprich: Tschabatta).

c

4   Ahmed lebt in der Türkei.
Wenn er von der Schule nach Hause kommt,
gibt es Gemüse, Reis und Salat. Dazu darf natürlich
Pide, das türkische Fladenbrot, nicht fehlen.

d

5   Inga lebt in Schweden.
Hier wurde das knackige **Knäckebrot** erfunden.
Inga isst das Knäckebrot am liebsten mit Butter
und Käse.

e

Lösungen S. 188

Bei uns und anderswo

John Kilaka *aus Afrika hat sich die Geschichte „Gute Freunde" ausgedacht und dazu die Bilder gemalt.*
Er wurde 1966 in dem afrikanischen Land Tansania geboren. Als Junge ärgerte er seine Lehrer, weil er die anderen Kinder mit seinen schönen Zeichnungen an der Tafel vom Unterricht ablenkte. Nach der Schulzeit wurde John Kilaka zuerst Bauer, Jäger und Fischer wie sein Vater. Jetzt arbeitet er als Künstler. Für Kinder hat John Kilaka schon drei Bücher geschrieben und gemalt.

Gute Freunde

Eine Geschichte aus Afrika

Vor langer Zeit lebte Ratz Ratte friedlich mit den anderen Tieren.
Sie schätzen ihn sehr, denn er wusste, wie man Feuer macht.
Jeden Tag kamen sie zu ihm und holten sich Feuer zum Kochen.
Ratz Ratte sagte nie Nein.
5 Sein bester Freund war Elefant.
Er wohnte gleich um die Ecke.

Einmal regnete es lange nicht.
Die Äcker wurden trocken, die Ernte blieb aus,
und alle fürchteten sich vor dem Hunger.
10 Ratz Ratte hatte für die schlimmsten Tage einen Vorrat angelegt.
Elefant hatte nur zugeschaut. Jetzt machte er sich Sorgen.
„Mein Magen ist sehr groß, da geht viel Futter hinein.
Gewiss werde ich als Erster verhungern.
Ich will sehen, ob Freund Ratz mir nicht von seinen Vorräten gibt."

142

Bei uns und anderswo

15 Elefant ging zu Ratz Ratte.
„Bald kommt die Hungersnot", sagte er.
„So ist es", sagte Ratz Ratte.
„Ich muss den Tod nicht fürchten. Ich habe genug Vorräte."
„Das stimmt, du hast viele Vorräte gesammelt", sagte Elefant,
20 „aber dein Haus ist gegen alle Seiten hin offen. Diebe können kommen.
Wäre es nicht besser, wenn ich deine Vorräte in mein Haus nähme?"

Ratz Ratte dachte nach.
Elefant hatte recht.
„Du bist mein bester Freund", sagte er.
25 „Ich verlasse mich auf dich. Nimm die Vorräte und bewache sie gut.
Wenn die Hungersnot ausbricht, hole ich sie zurück."
„Keine Sorge!", rief Elefant, lud Ratz Rattes Vorratssäcke auf
die Schultern und ging beschwingt in sein Haus zurück.

Als es nichts mehr zu essen gab, ging Ratz Ratte zu Elefant,
30 um seine Vorräte zu holen.
„Ich gebe dir nichts! Du hast einen kleinen Magen und brauchst
nicht viel.
Ich aber, mit meinem großen Magen, ich brauche das Futter.
Geh, lass mich in Ruhe!"
35 „Ist das ein Freund?", dachte Ratz Ratte traurig
und ging fort in den Wald.

John Kilaka

- Aus welchem afrikanischen Land kommt der Autor dieser Geschichte?
- Ist Elefant wirklich ein Freund?

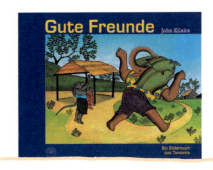

○ Informationen in Druck- und elektronischen Medien suchen
bei der Beschäftigung mit literarischen Texten Sensibilität für zwischenmenschliche Beziehungen zeigen

143

Bei uns und anderswo

Tiere in Tansania

In Tansania leben viele wilde Tiere wie Elefanten, Löwen, Nashörner, Leoparden und Büffel. Man kann eine Safari in einem Nationalpark machen und dort die Tiere beobachten. Gut, wenn man dann die Namen der Tiere auch auf Kiswahili kennt. Das ist die Sprache, die die meisten Menschen in Tansania verstehen.

Deutsch	Kiswahili
Löwe	simba
Elefant	ndovu
Leopard	chui
Nashorn	kifaru
Nilpferd	kiboko

Den Rüssel braucht der Elefant
zugleich als Nase und als Hand.
Er pflückt sich Gras und frisches Laub
und pudert seine Haut mit Staub.

Das Nashorn kann an heißen Tagen
zu viel Sonne nicht vertragen
und springt mit einem Riesenplatsch
mitten in den kühlen Matsch.

Löwen sind am liebsten faul,
lecken sich das Löwenmaul,
kratzen sich die Löwenmähnen,
liegen unterm Baum und gähnen.

Er liebt es, in den Bäumen
vor sich hinzuträumen,
und ist durch seine Flecken
nur selten zu entdecken.
Wie Licht und Schatten ist sein Fell:
manchmal dunkel, manchmal hell.

Salah Naoura

■ In einem Vers wird der Name des Tieres nicht genannt. Welches ist es? Schreibe den Tiernamen auf Kiswahili auf einen Papierstreifen und lege ihn als Überschrift über das Gedicht.

Bei uns und anderswo

Spiele rund um die Welt

Spiele rund um die Welt

Spiele rund um die Welt

Inhalt

Vorwort

Ballspiele

Afghanistan – Torwächter	4
Argentinien – Ball in die Luft	5
Kamerun - Klatschball	6
Syrien - Herumwirbeln	7
Nigeria - Dem Ball ausweichen	7

Fadenspiele

Ghana - Der Moskito	8
Guyana - Der fliegende Papagei	9
Philippinen - Die Maus	10
Papua Neu Guinea – Der Fischspeer	11

Stockspiele

Ägypten - Fang den Stock	12
Papua Neu Guinea - Kurukuru und Kabele	12
Ruanda - Gutera Uriziga	12
Marokko - Trio	13

Denkspiele

Liberia - Such den Stein	14
Lesotho - Dithwai	15
Dem. Rep. Kongo - Figuren im Sand	16
Tansania – Tarumbeta	17

Brettspiele

Burkina Faso - Yote	18
Ghana - Adi	19
Sri Lanka - Nerenchi	20

Laufspiele

Peru - Hilfe	21
Papua Neu Guinea - Evanema	21
Ägypten - Taia ya taia	22
Philippinen - Dakpanay	22

Spiele mit Murmeln und Steinen

Chile - Murmeln	23
Botswana - Diketo	24
Brasilien - Triff die Münze	25

Reaktionsspiele

Afghanistan - Shasnapanj	26
Dem. Rep. Kongo - Mach meine Füße nach	26
Korea - Ohren zuhalten	27
Angola - Zahlen	27
Tansania - Feuer auf dem Berg	28

Basteln

China - Drachen	29
Venezuela - Piñata	32

Service für Schulen 36

> Das Kinderhilfswerk Unicef setzt sich für Kinder in der ganzen Welt ein. Unicef hat im Internet auch eine Seite für Kinder:
> www.unicef.de/kids/

■ In der Spielesammlung werden zwei Spiele aus Tansania vorgestellt: ein Denkspiel und ein Reaktionsspiel.
Suche die Seiten im Inhaltsverzeichnis.
Orientiere dich an den Überschriften.

○ Informationen in Druck- und elektronischen Medien suchen
Angebote in Zeitschriften sowie im Netz kennen und begründet auswählen

Freundeseite

Bei uns und anderswo

Domino – ein Spiel geht um die Welt

Das Domino-Spiel ist in vielen Ländern verbreitet.
Erfunden wurde es wahrscheinlich in China.
Vor 250 Jahren kam es nach Europa.
Seitdem ist es auch in Deutschland bekannt.

Früher wurden die Domino-Steine aus Knochen hergestellt.
Heute fertigt man sie aus Holz oder Plastik.

Dominos kann man sich auch selbst herstellen, zum Beispiel so:

■ Sammle mit einem Partnerkind „Guten-Tag"-Wörter in verschiedenen Sprachen.
Nutzt dazu auch Seite 137.
Bastelt dann gemeinsam ein „Guten-Tag"-Domino.

In der Bibliothek

Nimm ein Buch,
mach es auf:
Du kommst auf was drauf.
Lass es sein, mach es zu:
Es gibt keine Ruh.
So ist das eben:
Die Bücher leben.

Wolf Harranth

Lesetraining In der Bibliothek

So kannst du herausfinden, zu welchem Lesetyp du gehörst

→ **Tipp 1: eigene Lese-Erfahrungen beschreiben**
Beschreibe dich als Leserin oder als Leser.
- Was liest du gern?
- Wo liest du am liebsten?
- Wann liest du?

→ **Tipp 2: eigene Lese-Erfahrungen bewerten**
Bewerte einen gelesenen Text und begründe deine Entscheidung.
- Dem Text gebe ich ✶✶✶☆☆, weil …
- Dem Text gebe ich ✶☆☆☆☆, weil …

→ **Tipp 3: mit anderen über Lese-Erfahrungen sprechen**
Lest einander aus euren Lieblingstexten vor. Sprecht darüber.

148 ◦ die eigene Leseerfahrung beschreiben und einschätzen

In der Bibliothek

Lesevorlieben

Das Lesen

Das Lesen, Kinder, macht Vergnügen.
Vorausgesetzt, dass man es kann.

In Straßenbahnen und in Zügen
Und auch zu Haus liest jedermann.

Wer lesen kann und Bücher hat,
ist nie allein in Land und Stadt.

Ein Buch, das uns gefällt,
Hilft weiter durch die Welt.

James Krüss

Was liest du am liebsten?

	Mädchen	Jungen
Märchen	||	|||
Abenteuergeschichten		‖‖‖
Sachbücher			||
Bücher über Tiere	||||	||
Freundschaftsgeschichten	|||		
Zeitschriften	||	||

Was und wo liest du gerne?
Vergleiche deine Lese-Erfahrungen
mit den Texten auf dieser Seite.

die eigene Leseerfahrung beschreiben und einschätzen   AH S.43

In der Bibliothek

Steckbrief
für Lese-, Seh- und Hörfreunde

Wie heißt dein Lieblingsfilm?

Pettersson und Findus

Wie heißt der Film, zu dem du schon einmal ein Buch gelesen hast?

Urmel aus dem Eis

Zu welchem Buch wünschst du dir einen Film?

Abenteuer im Mäusereich

Wie heißt deine Lieblingsfilmfigur?

Wickie

Welche Filmrolle würdest du gern spielen?

Mowgli

Wie heißen deine Lieblingshörgeschichten?

Piratengeschichten

Welche Hörgeschichte kennst du, zu der du auch ein Buch gelesen hast?

Hexe Lilli von Knister

Wann hörst du am liebsten Kassetten oder CDs?

Abends vor dem Einschlafen

Wo hörst du sie am liebsten?

Auch beim Autofahren

■ Schreibt und malt zu euren Lese-, Seh- und Hörfreunden.

150   ○ die eigene Leseerfahrung beschreiben und einschätzen

In der Bibliothek

Ich höre, sehe, lese gern …

Diese DVD sehe ich immer wieder gern. Findus gefällt mir einfach. Die Bücher gab es schon vor diesem Film. Ich habe sie alle gelesen. Manche lese ich jetzt auch meiner kleinen Schwester vor.

Am liebsten blättere ich in meinem Lexikon. Wenn ich etwas Bestimmtes wissen will, suche ich ganz genau nach dem Alphabet. Manchmal jedoch lese ich mich einfach fest und staune, was es alles gibt.

Die Zeitschrift erscheint jeden Monat neu. Ich leihe sie mir immer in der Bibliothek aus. Mich interessieren viele Themen. Die Bastelanleitungen, Ausmalbilder, Geschichten und einfachen Rechenaufgaben gefallen mir besonders.

Ich sehe mir gern die Löwenzahn-Sendungen im Fernsehen an. Viel Spaß macht es mir auch, mich mit einer CD-ROM zu den Löwenzahn-Sendungen zu beschäftigen. Es ist nie langweilig, und man lernt noch etwas dabei.

Am liebsten liege ich auf dem Teppich und höre meine Lieblings-CD. Den Text kenne ich fast auswendig. Manchmal spreche ich richtig mit.

■ Gestaltet eine Ausstellung mit euren Lieblings-CDs, -DVDs, -Büchern, -Zeitschriften.
Vergleiche mit deinen eigenen Vorlieben.
Stelle Gemeinsamkeiten und Unterschiede fest.

○ die eigene Leseerfahrung beschreiben und einschätzen
handelnd mit Texten umgehen

In der Bibliothek

In der Bibliothek

In einer Bibliothek werden Medien gesammelt. Medien sind zum Beispiel Bücher, Zeitungen, Zeitschriften, CDs, Videos, DVDs, CD-ROMs und auch Landkarten. Damit man alles gut finden kann, müssen die Medien geordnet aufgestellt werden.

In der Bibliothek arbeitet die Bibliothekarin. Die Bibliothekarin hilft, wenn man etwas sucht.
Sie gibt auch Lesetipps. Besucher der Bibliothek dürfen sich Medien ausleihen. Dafür brauchen sie an der Ausleihe
einen Benutzerausweis.
Die Bibliothekarin erinnert auch daran, wann ein Buch zurückgegeben werden muss.

In einem Bereich der Bibliothek stehen die Sachbücher. Sie sind nach Themen geordnet. Es gibt Sachbücher über Tiere, Indianer, Musik, Autos, Sport, Planeten oder Kinder der Welt.
Hier findet man auch oft verschiedene Zeitschriften.

In den Regalen mit den Kinderbüchern stehen Abenteuerbücher, Detektivgeschichten, Märchen, Bücher für Leseanfänger, Comics, Bilderbücher, Bücher in anderen Sprachen oder Tiergeschichten.
Die Kinderbücher sind oft nach dem Lesealter geordnet.

In der Bibliothek

Zu vielen Büchern gibt es Spiele,
Hörbücher oder Filme.
Die darf man ebenfalls ausleihen.
Die Besucher dürfen sich auch
in der Bibliothek treffen,
um Spiele zu spielen.

In der Bibliothek gibt es auch
einen Bereich mit Computern.
Wer zu Hause keinen PC hat,
kann hier am PC ein Spiel von
einer CD-ROM ausprobieren.
Man kann als Besucher auch ins
Internet, um dort etwas zu suchen
oder eine Mail zu schreiben.

In der Bibliothek finden oft
Veranstaltungen statt.
Es gibt Buchlesungen, Erzähler-
Werkstätten oder Lesenächte.
Manchmal unterstützen Lesepaten
die Bibliothekarinnen.
Sie lesen manchmal aus Büchern
in anderen Sprachen vor.

- Welche Bereiche gibt es in dieser Bibliothek?
- Wie ist eure Bibliothek aufgebaut? Vergleicht.

In der Bibliothek

Tim entdeckt Finn McCool

Tim und sein Bruder Marty müssen einen Teil der Sommerferien in der städtischen Bücherei verbringen. Dort herrscht Knolle Murphy, die strenge Bibliothekarin. Tim und Marty haben wenig Lust, Bücher zu lesen. Die Zeit will einfach nicht vergehen, bis sie von
5 *ihrer Mutter wieder aus der Bücherei abgeholt werden.*
Dann passiert Tim eines Tages etwas Seltsames …

Ich tat so, als würde ich ein Buch lesen mit dem Titel Finn McCool,
der Riese von Irland. Da weckte etwas meine Aufmerksamkeit.
Der erste Satz der Geschichte.

10 „Finn McCool", stand da, „war der größte Riese in Irland."
Der Satz hatte was. Er klang … interessant.

Ich beschloss, ein bisschen weiterzulesen.
Nicht das ganze Buch.
Nie im Leben.
15 Aber vielleicht noch ein paar Sätze.

Finn hatte ein Problem, hieß es in dem Buch.
Angus MacTavish, der größte Riese in Schottland,
wollte gegen ihn kämpfen.

Da konnte ich nicht mehr aufhören.
20 Zwei Riesen, die gegeneinander kämpften!

Vielleicht sollte ich nur herausfinden, wie es ausging.
Also las ich die Seite zu Ende
und dann las ich immer weiter.
Und im nächsten Moment war ich in die Geschichte
25 von Finn McCool und Angus MacTavish vertieft.

In der Bibliothek

Ich las von Abenteuern und Magie,
von Schlachten und schlauen
Plänen.
Berge explodierten und Zauberer
30 erschlugen Kobolde.
Verzauberte Ziegen redeten und
Prinzessinnen verwandelten
sich in Schwäne. Es war eine
andere Welt.

35 „Wollen wir gehen?", sagte eine Stimme.
Ich blickte auf, es war Mama.
„Was machst du denn hier?", fragte ich.
Mama hielt Einkaufstüten in den Händen.
„Was meinst du wohl, was ich hier mache?
40 Wir müssen los."

Ich drückte das Buch an meine Brust.
„Aber wir sind doch eben erst gekommen. Es ist erst …"
Ich verstummte, weil ich die Uhr an der Wand sah.
Es war fünf.

45 Fast zwei Stunden lang hatte ich gelesen.

Eoin Colfer

- Wie hat dir dieser Text gefallen?
  Bewerte ihn mit 1–5 Sternchen oder Spielsteinen:
  ☆ ☆ ☆ ☆ ☆ = sehr gut; ☆ = gar nicht.
  Begründe deine Entscheidung.

- Ist es dir auch schon einmal so wie Tim ergangen?

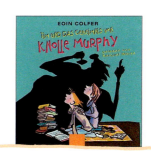

Magazin

In der Bibliothek

Wer ist wer?

1 Biene Maja
2 Das Biest
3 Pippi Langstrumpf
4 Aschenputtel
5 Mowgli
6 Pinocchio

Was stimmt?

1 **In einem Lexikon**
 a sind die Wörter nach der Algebra geordnet.
 b sind die Wörter nach dem Alphabet geordnet.
 c sind die Wörter nach dem Album geordnet.

2 **In der Bücherei kann sich jeder**
 a CDs und Bügel ausleihen.
 b CDs und Büchsen ausleihen.
 c CDs und Bücher ausleihen.

3 **Informationen kann man**
 a mit einem Computer suchen.
 b mit einem Comic suchen.
 c mit einem Cowboy suchen.

In der Bibliothek

Wahr oder gelogen?

	wahr	gelogen
In Tierbüchern stehen Geschichten über Türen.	L	M
In Märchenbüchern stehen Märchen.	O	U
In Rätselbüchern stehen Rätsel.	W	V
In Gedichtbüchern stehen viele Gewichte.	D	G
In Witzbüchern stehen kurze Witze.	L	M
In Reisebüchern stehen Geschichten über Riesen.	E	I

L

Was gehört zusammen?

1 Was kann ich in der Bücherei ausleihen?

2 Wie lange kann ich die Bücher ausleihen?

3 Was kostet die Ausleihe?

a Die Ausleihe ist kostenlos.

b Du kannst Bücher, Zeitschriften, Videos, Spiel, Kassetten, CDs und CD-ROMs ausleihen.

c Die Bücher kannst du für vier Wochen ausleihen, für die anderen Dinge ist die Ausleihe kürzer.

Lösungen S.188

In der Bibliothek

Vorlesezeit

Montags ist Vorlesezeit in der Klasse 2b.
Sina und Martin haben sich dafür Bücher
aus der Bibliothek geholt.
Martin stellt zuerst sein Lieblingsbuch vor.
Er möchte die anderen auf sein Buch
„Warum?" von Lila Prap neugierig machen.

Deshalb stellt er zuerst Fragen aus seinem Buch.
Warum haben Löwen Mähnen?
Warum weinen Krokodile?
Warum gähnen die Flusspferde?
Die Kinder beantworten die Fragen ganz unterschiedlich.
Dann warten alle gespannt auf die Antworten aus dem Buch.

Sina setzt sich nach Martin auf den Vorlesestuhl.
Sie hat das Buch „Moritz in der Litfaßsäule"
von Christa Kožik mitgebracht.
Sina erzählt etwas davon und liest dann eine besonders
spannende Stelle vor.
In ihrem Buch geht es um den neunjährigen Moritz,
eine sprechende Katze,
das Zirkusmädchen Kitty und einen Straßenfeger.
Aber was macht Moritz in der Litfaßsäule?

🟥 Welches Buch möchtest du gern anderen empfehlen?
Wähle eine Stelle zum Vorlesen aus.
Sage auch, warum dir das Buch gefällt.

In der Bibliothek

Drehbücherei: Alles dreht sich um dieses Buch

In einer Drehbücherei kannst du sammeln, welche Bücher du schon gelesen hast.

So bastelst du deine eigene Drehbücherei:
- Schneide die obere Deckscheibe aus. Schreibe deinen Namen darauf.
- Schreibe auf den äußeren Kreisrand: Alles dreht sich um
- Schneide eine Kreisscheibe aus. Fülle die drei Abschnitte zu deinem Buch aus.
- Lege die Buchscheibe unter die obere Deckscheibe. Befestige die Scheiben mit einer Musterklammer.

So füllst du die drei Abschnitte aus:
- **dieses Buch:**
  Trage Titel und Autor/Autorin ein.
- **diese Figuren:**
  Schreibe wichtige Figuren auf.
- **meine Bewertung:**
  Bewerte das Buch.
  Du kannst 1–5 Sterne vergeben.
  Begründe deine Bewertung kurz.

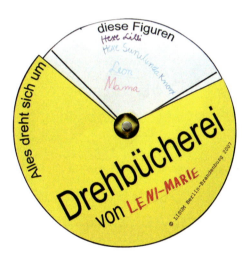

Immer, wenn du ein Buch gelesen hast, kannst du eine weitere Kreisscheibe hinzufügen. So entsteht deine eigene Drehbücherei.

○ die eigene Leseerfahrung beschreiben und einschätzen
ein Kinderbuch selbst auswählen und vorstellen

Freundeseite In der Bibliothek

Ein Abc voller Bücher

Abenteuerbücher
Backbücher
Comics
Donald-Duck-Geschichten
Erzählungen
Filmbücher
Gedichtbände
H …
I …
Jugendbücher
K …
Liebesgeschichten
Märchenbücher
Naturbeobachtungen
Olchibücher
P …
Quatschgeschichten
Reise-/Ritter-/Rätselbücher
S …
Tiergeschichten
Unsinnsgeschichten
V …
Witzbücher
X-beliebige Bücher
Y-Rätsel
Zirkusgeschichten

🟧 Welche Büchern fehlen im Abc? Nutze die Illustrationen.

🟧 Stelle mit einem Partnerkind ein eigenes Bücher-Abc zusammen.

160 handelnd mit Texten umgehen

Unheimliches und Spannendes

Angst haben ist etwas ganz Natürliches,
also habt keine Angst davor.

Lesetraining — *Unheimliches und Spannendes*

So kannst du ein Buch vorstellen

Autor · Titel · Verlag

→ **Tipp 1: das Buch zeigen**
- Lies den Titel vor.
- Nenne den Namen der Autorin oder des Autors.
- Sage, in welchem Verlag das Buch erschienen ist.

Es ist im ... Verlag erschienen.

Mein Buch heißt...

Der Autor/ die Autorin meines Buches heißt...

→ **Tipp 2: Art des Buches nennen**

Sage, was für ein Buch es ist: ein Sachbuch oder …

Mein Buch ist ein Sachbuch.

In meinem Buch stehen Tiergeschichten.

In meinem Buch wird eine Gruselgeschichte erzählt.

→ **Tipp 3: eine Lieblingstextstelle vorlesen**

Suche dir eine Lieblingsstelle aus deinem Buch, bei der du nicht zu viel verrätst.
Höre an einer besonders interessanten oder spannenden Stelle auf.

Leise schlich der...

Es war einmal ein...

162 ein Kinderbuch selbst auswählen und vorstellen   AH S. 47

Unheimliches und Spannendes

Luno und der blaue Planet

*Der kleine Luno ist verzweifelt.
Alle Bewohner seines Heimatplaneten Knarz sind grün, nur
einer nicht: Luno. Luno ist blau,*
*5 leuchtend blau. Eines Tages macht
Luno eine aufregende Entdeckung:
Auf seinem Computer entdeckt er
einen völlig neuen Planeten… .*

„Luno!", ruft Mama.
10 „Beeil dich! Du kommst zu spät
zur Schule!"
Luno lebt auf Knarz. Das ist
ein kleiner Planet in einem
Seitenarm der Galaxis.
15 Die knarzschen Lehrer achten
sehr auf Pünktlichkeit.

„Gleich, Mama!" Luno starrt
gebannt auf seinen Computer.
Auf der Sternenkarte hat er
20 einen neuen Planeten entdeckt.
Ganz nah.
Nur 5 Billionen knarzsche
Megameilen entfernt.
Und dieser Planet leuchtet blau.
25 Ist das möglich?
Mit zitternden Antennen
überprüft Luno alle Daten.
Es bleibt dabei.
Draußen im Weltall gibt
30 es tatsächlich einen blauen
Planeten.
Wenn Luno nur dort hinfliegen
könnte!

Auf dem blauen Planeten sehen
35 sicher alle so aus wie Luno.
Das ist auf Knarz leider ganz
anders.
Die Knarzer sind nämlich grün.
Ganz grün.
40 Nur einer ist blau, von den
Antennen bis zu den Füßen:
Luno.
„Du bist eben etwas ganz
Besonderes", sagen Mama
45 und Papa immer.
Aber Luno will nichts
Besonderes sein.
Er will so sein wie die anderen.

Frauke Nahrgang

Ergänze:
Das Buch heißt … .
Die Autorin ist … .
Die Hauptfigur heißt … .

Unheimliches und Spannendes

Gespensterjäger auf eisiger Spur

Ein schleimiges Gespenst sitzt im Keller! Tom will nur noch eines: flüchten.
Doch da bietet ihm die erfahrene
5 *Gespensterjägerin Hedwig Kümmelsaft ihre Hilfe an. Als die beiden das Gespenst näher kennenlernen, findet auch Tom es gar nicht mehr so furchtbar …*

10 Die Tür quietschte scheußlich, als Tom sie aufstieß.
Modrig riechende Schwärze gähnte ihm entgegen.
Tapfer machte er einen Schritt
15 vorwärts und tastete nach dem Lichtschalter. Wo, zum Teufel, war das verflixte Ding? Es war so ein altmodischer Drehschalter, an dem man sich die Finger verbog.
20 Na, endlich. Da war er.
Tom drehte ihn herum. Eine jämmerliche kleine Glühbirne flammte auf und – paff! – zerplatzte in tausend Splitter.
25 Erschrocken stolperte Tom zurück und stieß mit dem Ellbogen gegen die Kellertür. Rums!, fiel sie ins Schloss.
Tom stand mutterseelenallein im
30 pechschwarzen Keller.
„Ganz ruhig!", dachte er.
„Ruhig bleiben, alter Junge. Es ist nur die blöde Glühbirne zerplatzt."
Aber seit wann zerplatzen
35 Glühbirnen einfach?
Tom spürte, wie sein Mund trocken wie ein Schmirgelpapier wurde.

Er wollte einen Schritt zurück machen. Aber seine Schuhe klebten
40 an irgendwas fest.
Er hörte seinen eigenen Atem.
Und dann ein leises Rascheln.
So als striche etwas über die alten Zeitungen, die Mama irgendwo
45 in der Dunkelheit gestapelt hatte.
„Hilfe!", flüsterte Tom. „Oh Mann, Hilfe!"
„Aaaaaahoooo!", stöhnte es ihm aus der Finsternis entgegen. Kalter,
50 modrig stinkender Atem strich ihm übers Gesicht. Und eisige Finger packten seinen Hals.
„Weeeg!", schrie Tom und schlug wie ein Wilder um sich. „Weg, du
55 widerliches Ding!"
Die Eisfinger ließen seinen Hals los und zogen an seinen Ohren.
Irgendwas schimmerte weißlich in der Dunkelheit. Irgendwas mit
60 giftgrünen Augen, flatterndem Haar und höhnischem Grinsen.
„Ein Gespenst!", dachte Tom fassungslos. „Ein richtiges Gespenst!"

Cornelia Funke

■ Nenne den Titel und die <u>Autorin</u> des Textes.

164　○ ein Kinderbuch vorstellen

Unheimliches und Spannendes

Angst geh weg!

Ich kenne einen tollen Spruch.
Den sag ich immer dann,
wenn ich mal richtig ängstlich bin.
Hör dir den Spruch mal an:

Grusel, Grusel, Furcht und Schreck
Angst verschwinde,
Angst geh weg!

KNISTER

- Was ist das Besondere an diesem Gedicht?
  Überlege, wie du den Spruch sprechen könntest:
  - mutig und entschlossen
  - ängstlich und zitternd
  - langsam und geheimnisvoll

  Trage den Spruch einem Partnerkind vor.

Magazin

Unheimliches und Spannendes

Wer ist der schnellste Zungenbrechersprecher?

Gruselige Gespenster geistern gern.

Vier vernünftige Vampire verstecken vierundvierzig verschmutzte Vasen.

Mehrere mustergültige Monster machen meisterhafte Musik.

Zauberspruch – leider unvollständig

Wisper knisper
Wurzelfee
Wer mich sucht
dem tu ich w
Beiß ihn
in den großen Z
werf ihn
in den Tümpelsee
tunke ihn
ins Glibbermoor
kneif ihn
in sein Lumpeno
drehe ihm
die Nase quer …
Wenn du Mut hast,
Komm nur h .

Max Kruse

Wörtertreppen

Monster
Monstereis
Monstereisbecher
Monstereisbecherkarte
Monstereisbecherkartenständer

Gespenster
Gespensterschulen
Gespensterschulentreffen

Drei faule Gespenstereier gesucht!

Gespensterlärm Gespensterumhang Geheimniskiste Gespensterschule
Hexenbuch Himbeeren Hexentrank Hexenbesen Hexenhaus
Monstertasse Monsterpapa Monsterjäger Mondschein Monstermama

Unheimliches und Spannendes

Wahr oder gelogen?

	wahr	gelogen
Vampire mögen Blut.	G	A
Spinnen haben 12 Beine.	M	E
Geister erschrecken gern Menschen.	I	O
Hexen wohnen im Schloss.	X	S
Fledermäuse können schwimmen.	Z	T

Was gehört zusammen?

1 Was essen Geister und Gespenster am liebsten?

2 Was benutzt der kleine Geist in der Schule?

3 Was macht ein Gespenst, wenn es sich den Magen verdorben hat?

4 Wie nennt man 100 Spinnen auf einem Rad?

a Ein Spinn-Rad.

b Es spukt.

c Einen Spukzettel.

d Spuketti.

Was gibt es zum Gespensterfest?

Fl_der_aussalat   He_ens_ppe   Vam_irpudd_ng

Mo_sterspa_etti   Sp_nnenmarmel_de

Gespe_ster_uchen   Spukk_kse   He_enei_

Lösungen S.188   167

Unheimliches und Spannendes

Flusi, das Sockenmonster

Maja reißt sich ihre Socke wieder vom Fuß und erschrickt.
„Was, was ist denn das für ein strubbeliges Biest?"
„Lass sofort meinen Zeh los!", kreischt Maja und zieht mit aller Kraft an dem kleinen Kerlchen, bis es loslassen muss.

Verdutzt starrt Maja auf das kleine Ungetüm.
Das kleine Ungetüm glotzt grimmig zurück.
„Spinnst du, mich einfach in meinen Zeh zu beißen?", schimpft Maja.
„Das war Notwehr! Fast hättest du mich mit deinem Riesenfuß zerquetscht!", klagt der kleine Winzling.
„Außerdem darf ich doch von gar, gar niemandem gesehen werden! Verrate bloß keinem, dass du mich entdeckt hast!"
„Und was machst du in meiner Socke?", fragt Maja.

Da plustert sich der kleine Kerl auf und antwortet mit wichtiger Stimme:
„Ich bin Flusi, das Sockenmonster! Und jetzt lass mich runter, sonst beiße ich dir auch noch in den Finger!"

Maja setzt das kleine Monster schnell auf den Boden.
Flusi rennt sofort wieder zu Majas Socke und schmust sich an sie.
„Socken sind das Allerschönste auf der ganzen Welt!", schwärmt Flusi.
Dabei schaut er gar nicht mehr böse wie ein bisswütiges Monster, sondern lächelt ganz zufrieden.
Irgendwie ganz niedlich, findet Maja.

Bine Brändle

■ Wie heißt das Buch?
Wie heißt die <u>Autorin</u>?

Unheimliches und Spannendes

Die häufigsten Gespensterarten

Klappergespenster klappern mit allem,
was sie in die Hände bekommen.

Nebelgespenster schweben fast unsichtbar
in dichten, weißen Nebelwolken.
Schleckt die Sonne den Nebel weg,
sind auch sie verschwunden.

Kellergespenster naschen gern.
Sie knabbern an allem Essbaren,
was sie im Keller finden können.

Bettgespenster verbringen die Nacht
am liebsten in menschlicher Gesellschaft.

Feuergespenster knacken, knistern
und sind wasserscheu.
Lasst sie nicht ins Haus.

Klopfgespenster klopfen an Fenster
und Türen – einfach nur so.

Zappelgespenster sind lebhafte Biester,
die zittern und vibrieren, ohne zu frieren.

Schreckgespenster quieken ganz fürchterlich.
Gelegentlich erschrecken sie sich dabei gegenseitig.

Hajo Blank

🟧 Schreibe einen eigenen Gespenstertext.
Male ein Bild dazu.
So kann ein Gespensterbuch eurer Klasse entstehen.

Waldgespenster …
Quietschgespenster …
Raschelgespenster …

handelnd mit Texten umgehen   169

Unheimliches und Spannendes

Schule für junge Vampire und Gespenster

Stundenplan 2. Klasse

Montag	Dienstag	Mittwoch
Klamotten und Masken anfertigen	Grimassen schneiden	ein- und ausbrechen, sich unsichtbar machen
Türen, Deckel, Fenster öffnen und schließen	sich schrecklich schminken	sich verrenken und verbiegen
kratzen, beißen, würgen, kitzeln	kreischen, heulen, wimmern, röcheln	fliegen um Mitternacht
Leute erschrecken	sich verstecken	schwimmen bei Mondlicht und in Salzsäure

Unheimliches und Spannendes

Donnerstag	Freitag	Samstag
Schreckgeräusche	Häuser, Dächer, Keller erkunden	Frei!
Gespensterarten kennen lernen	seltsame Düfte erfinden	Zaubersprüche lernen
Gespenstertrank kochen	gespenstisches Benehmen üben	sich unsichtbar machen
Blut saugen, monatliche Zahnkontrolle	Gespenstererfahrungen austauschen	Fallen bauen, Höhlen graben

nach Jutta Radel

■ Suche die Informationen im Stundenplan.
  • An welchem Tag wird gekocht?
  • Was wird am Montag in der dritten Stunde gelernt?

■ Denke dir eigene Aufgaben aus und arbeite mit einem Partnerkind.

gezielt einzelne Informationen entnehmen

Freundeseite *Unheimliches und Spannendes*

Ein süßes Gespenst

Du brauchst
ein Papiertaschentuch.

In die Mitte
des Papiertaschentuchs
legst du einen Bonbon.

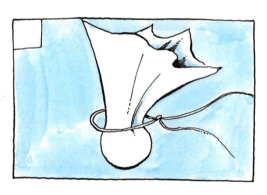

Du faltest das Tuch hoch und
bindest mit einem weißen Faden
den Bonbon ab, sodass ein Kopf
entsteht.

Jetzt musst du nur noch mit einem
schwarzen Stift Augen und Mund
malen. Dein Gespenst ist fertig.

■ Schenke das Gespenst einer Freundin
oder einem Freund.

Im Sommer

Eine Lerche, die singt,
uns noch keinen Sommer bringt.
Rufen Kuckuck und Nachtigall,
ist der Sommer überall.

Lesetraining Im Sommer

So kannst du Texte untersuchen und vergleichen

→ **Tipp 1: untersuchen, worum es in jedem Text geht**
Lies die Überschriften. Schau dir die Bilder an.
Überfliege die Texte mit den Augen. Rutsche mit den Augen
von Zeile zu Zeile. Lies nicht jedes einzelne Wort.

→ **Tipp 2: die Form untersuchen**
Prüfe jeden Text.
• Ist es ein zusammenhängender Text?
• Sieht er wie ein Gedicht aus?

→ **Tipp 3: den Inhalt untersuchen**
Prüfe jeden Text.
• Wird ein Gedicht erzählt?
• Wird zu einem Thema informiert?

174 ○ Unterschiede und Gemeinsamkeiten von Texten finden

Im Sommer

Gewitter

Der Regen peitscht.
Die Pappel heult.
Der Dachstuhl stöhnt.
Der Donner keult.

Der Donner ballert.
Die Blitze zacken,
als wollten sie
die Welt zerknacken.

Ich bleibe hinter
den Scheiben stehn.
Die Angst? –
Die kann ja keiner sehn.

Werner Lindemann

Das Gewitter:
Gewitter kündigen sich mit großen Wolken und aufkommendem Sturmwind an.
In den Wolken wird kalte und warme Luft heftig durcheinandergewirbelt. Die kleinen Wassertropfen und Eisteile werden dabei hinauf- und hinuntergeschleudert.
Sie reiben, reißen und zerbrechen aneinander. Dadurch entsteht Elektrizität.
Es gibt einen riesigen Funken: den Blitz.
Die Luft, durch die der heiße Blitz rast, wird stark erhitzt. Mit einem Knall dehnt sie sich schlagartig aus.
Das Geräusch ist der Donner.

Angela Weinhold

Vergleiche die beiden Texte miteinander.

Beim Vergleichen geht es um Inhalt und Form.

Unterschiede und Gemeinsamkeiten von Texten finden   AH S. 49

Im Sommer

Trarira, der Sommer, der ist da!

Worte und Melodie: überliefert

2. Trarira, der Sommer, der ist da!
   Wir wollen hinter Hecken
   und woll'n den Sommer wecken.
   Trarira, der Sommer, der ist da!

3. Trarira, der Sommer, der ist da!
   Der Sommer hat gewonnen,
   der Winter ist zerronnen.
   Trarira, der Sommer, der ist da!

Gustav Klimt,
Obstgarten mit Rosen,
1911/1912

🟧 Worauf freust du dich im Sommer ganz besonders?

176 eigene Gedanken zu Texten entwickeln

Im Sommer

Sommerlied

Was bringt uns wohl der Sommer mit?
Die weißen Wolkenschimmel.
Die Gräserrispen, Mohn und Klee
Und einen Sonnenhimmel.

Was bringt uns wohl der Sommer mit?
Die gelben Weizenfelder.
Den Kuckucksruf, den Schwalbenzug,
das lichte Grün der Wälder.

Was bringt uns wohl der Sommer mit?
Die Bohnen in den Garten.
Das Erdbeermus und Himbeereis,
wir können's kaum erwarten.

Barbara Cratzius

Der Sommer
Der Sommer ist in Europa die wärmste Jahreszeit.
Er beginnt mit der Sommersonnenwende am 21. Juni.
Oft wird der Sommer mit einem Sonnenwendfeuer begrüßt.
In Deutschland wird bereits im März die Uhrzeit um eine Stunde auf die Sommerzeit vorgestellt.
So kann man das Tageslicht nutzen und Strom sparen.
Einen Sommer, in dem es sehr lange außergewöhnlich heiß ist, bezeichnet man als Jahrhundertsommer.

■ Vergleiche die beiden Texte miteinander.

Unterschiede und Gemeinsamkeiten von Texten finden

Die Delfine

Lilli verbirgt ein Geheimnis. Sie kann mit Tieren sprechen. Eines Tages gerät sie beim Schwimmen in der Nordsee in große Gefahr …

5 Lilli ruderte hilflos im Wasser und spürte, dass ihre Kräfte langsam nachließen. Eine Welle nach der anderen schlug ihr ins Gesicht, und ihre Arme und Beine wurden
10 schwerer und schwerer. Ihr kam der entsetzliche Gedanke, dass sie ertrinken könnte.

Plötzlich hörte sie ein keckerndes Lachen. Doch nein, es war kein
15 Lachen, es waren Worte. Oder irrte sie sich?

„Das Menschenkind schwimmt wie ein Hund", glaubte Lilli eine Stimme sagen zu hören.
20 „Warum macht es das?"
„Es klappt nicht besonders gut", antwortete eine zweite Stimme.
„Das wird untergehen, wenn es so weitermacht."
25 Lilli blickte sich nach allen Seiten um, doch sie sah nichts. Sie hatte kaum noch genug Energie, gegen das Wasser anzukämpfen, und konnte vor Angst kaum einen
30 klaren Gedanken fassen.
„Wir müssen ihr helfen, sonst ertrinkt sie", sagte eine dritte Stimme ganz nah an ihrem Ohr. Lillis Kopf fuhr herum.

35 Da, direkt neben ihr, schwamm ein Delfin! Sie konnte es kaum fassen. Bildete sie sich das vielleicht nur ein? Nein, es war wirklich ein Delfin.

40 Seine klugen Augen musterten sie besorgt. Und da war noch einer, und noch einer!
Die bläulich grauen Tiere schwammen um Lilli herum,
45 umkreisten sie immer wieder und beobachteten sie.

Währenddessen stießen sie hohe Töne aus, die Lilli anfangs für Gelächter gehalten hatte.
50 Aber es war kein Gelächter, es war ihre Sprache. Delfinsprache. Sie verständigten sich über komplizierte Klick- und Pfeiftöne, an deren Klang Lilli sich erst
55 gewöhnen musste.

Doch schon nach wenigen Augenblicken hatte sie sich auf die rasche Abfolge der Klicklaute eingestellt und
60 verstand genau, was die Delfine sagten.

Tanya Stewner

Im Sommer

Gibt es in der Nordsee Delfine?

Delfine gehören zur Gruppe der Zahnwale.
Typisch für alle Delfine sind eine spitze Schnauze,
eine sichelförmige Rückenflosse und ein schlanker,
geschmeidiger Körper.
5 Sie sind gute und schnelle Schwimmer und gelten
als sehr intelligent.
Die meisten Delfinarten leben in allen Weltmeeren,
einige Arten leben nur in tropischen Gewässern.
Auch in der Nordsee gibt es Delfine.
10 Hier lebt zum Beispiel der Große Tümmler.
Er ist der größte unter den Delfinen und kann
bis zu 37 Jahre alt werden.
Im Januar 2007 hat eine Gruppe von Delfinen
einem Seemann, der in
15 der Nordsee über Bord
gegangen war,
das Leben gerettet.
Die Delfine schwammen
um den Seemann herum.
20 Dadurch wurde man auf ihn
aufmerksam und er konnte
gerettet werden.

■ Vergleiche den Text auf der linken mit dem Text auf der rechten Seite.
Welcher Text informiert über Delfine?
Welcher Text erzählt eine Geschichte über Delfine?
Begründe.

○ Unterschiede und Gemeinsamkeiten von Texten finden

Im Sommer

Fremde Worte

Jeden Morgen, wenn Jule mit ihren Eltern zum Strand kam, war das andere Mädchen schon da. Mit seiner ganzen Familie. Immer an derselben Stelle, gleich neben dem Strandcafé.
„Können die sich nicht mal woanders breitmachen?", raunte Jules Vater am fünften Tag.
„Wir gehen ja auch nie woanders hin", sagte Jule und lächelte dem anderen Mädchen zu.
Es grinste zurück. Ihm fehlte vorne ein Zahn, genau wie Jule.
„Du meine Güte, worüber reden diese Italiener bloß ständig?", murmelte Jules Mutter, während sie sich eincremte. „Und dann in dieser Geschwindigkeit! Ein Wunder, dass sie nicht die eigene Zunge verschlucken."

Cornelia Funke

Idiotische Spiele

Julian ist sauer.
Papa hat ihm seinen Gameboy weggenommen.
Julian ist so sauer, dass er nicht mehr mit Papa redet. Die ganzen Ferien wird er kein Wort mehr mit ihm sprechen.
Und deshalb sitzt Julian jetzt hier auf der Kaimauer* und baumelt mit den Beinen.
Mama und Papa besichtigen den Ort allein.
„Hey", sagt plötzlich eine Stimme.
Vor Julian steht ein fremder Junge, grinst ihn an und sagt irgendetwas.
Julian versteht ihn nicht.
Er kann kein Türkisch.
Doch das macht dem anderen überhaupt nichts aus. Er redet einfach weiter und zieht Julian dabei fest am Ärmel. Dann geht er los und winkt Julian, dass er mitkommen soll.

Cordula Tollmien

* Mauer an einem Hafen

🟥 Was ist in beiden Texten gleich? Was ist anders?

Im Sommer

ebbe/flut

```
ebbeebbeebbeebbeebbe
ebbeebbeebbeebbe        flut
ebbeebbeebbe        flutflut
ebbeebbe        flutflutflut
ebbe        flutflutflutflut
     flutflutflutflutflut
ebbe        flutflutflutflut
ebbeebbe        flutflutflut
ebbeebbeebbe        flutflut
ebbeebbeebbeebbe        flut
ebbeebbeebbeebbeebbe
ebbeebbeebbeebbe        flut
ebbeebbeebbe        flutflut
ebbeebbe        flutflutflut
ebbe        flutflutflutflut
     flutflutflutflutflut
ebbe        flutflutflutflut
ebbeebbe        flutflutflut
ebbeebbeebbe        flutflut
ebbeebbeebbeebbe        flut
ebbeebbeebbeebbeebbe
ebbeebbeebbeebbe        flut
ebbeebbeebbe        flutflut
ebbeebbe        flutflutflut
ebbe        flutflutflutflut
     flutflutflutflutflut
ebbe        flutflutflutflut
ebbeebbe        flutflutflut
ebbeebbeebbe        flutflut
ebbeebbeebbeebbe        flut
ebbeebbeebbeebbeebbe
ebbeebbeebbeebbe        flut
ebbeebbeebbe        flutflut
ebbeebbe        flutflutflut
ebbe        flutflutflutflut
     flutflutflutflutflut
```

Timm Ulrichs

Wenn du in Bayern in den Ferien bist, frage einmal, was fertich samma *heißt. Oder kannst du es vermuten?*

Die Luftmatratze

Luftma-
Lufttra-
Luftma-
Lufttra-
Luftma-
Lufttra-
Luftmatratze erste Kammer
Luftma-
Lufttra-
Luftma-
Lufttra-
Luftma-
Lufttra-
Luftmatratze zweite Kammer
Luftma-
Lufttra-
Luftma-
Lufttra-
Luftma-
Lufttra-
Luftmatratze fertich samma!

Erwin Grosche

🟥 Überlege gemeinsam mit einem Partnerkind, wie man diese Gedichte sprechen kann.

Texte zum Vorlesen vorbereiten und sinngestaltend vorlesen

Magazin

Im Sommer

Sommerwörter

Eis	Sommer
Eisbecher	Sommerwetter
Eisbecherkarte	Sommerwetterbericht

Welche Eissorten gibt es?

Aus welcher Stadt kommen die Autos?
Verbinde mit einem Papierstreifen.

1 **BRB**   a Berlin   b Brandenburg

2 **DD**   a Dresden   b Duisburg

3 **HRO**   a Hannover   b Hansestadt Rostock

4 **EF**   a Essen   b Erfurt

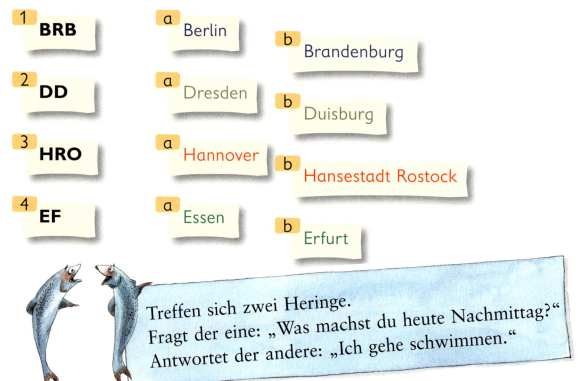

Treffen sich zwei Heringe.
Fragt der eine: „Was machst du heute Nachmittag?"
Antwortet der andere: „Ich gehe schwimmen."

Lösungen S.188

Im Sommer

Ein Kuckucksei in jeder Zeile

Sommerwetter Sommerwind Sonnenblume Sommerferien
Eisbecher Eislöffel Eisschrank Eierbecher Eiswaffel
Badetuch Badehose Badeanzug Badewanne Bandwurm

Knobelei

Familie Maier fährt mit dem Auto in die Schweiz. Damit sich alle ein bisschen erholen können, macht die Familie nach zwei Stunden Autofahrt immer eine Pause. Nach zehn Stunden ist Familie Maier am Urlaubsort. Wie viele Pausen hat sie gemacht?

Spiele für längere Autofahrten

Lest das Autokennzeichen eines vorbeifahrenden Fahrzeugs.
Bildet mit den Buchstaben des Kennzeichens einen (lustigen) Satz.
z.B. MW-SP 756: *Morgen will Sophie putzen.*
Mama wäscht Sonntags Posaunen.

Ein Mitspieler fängt an und packt einen Gegenstand in seinen Koffer.
„Ich packe meinen Koffer und nehme mit: eine Sonnenbrille."
Der nächste Mitspieler packt einen Gegenstand hinzu.
„Ich packe meinen Koffer und nehme mit: eine Sonnenbrille und eine Zahnbürste."
Es müssen immer alle Gegenstände in der richtigen Reihenfolge wiederholt werden.
Wer kann sich die meisten Dinge merken?

Lösungen S.188

Im Sommer

Piraten

Endlich Ferien! Der kleine Drache Kokosnuss und seine Freundin Matilda sind mit ihrem Floß unterwegs zur Schildkröteninsel.
5 *Plötzlich werden sie von einem Piratenschiff gekapert …*

Kokosnuss ist schlecht gelaunt.
„Ich finde das ungerecht", brummt der kleine Drache.
10 „Alle verreisen, nur wir nicht. Das werden die langweiligsten Ferien der Welt!"
„Matilda ist doch noch da", sagt seine Mutter Mette.
15 „Wieso fahrt ihr nicht mit dem Floß ein paar Tage zur Schildkröteninsel?"
„Hm", überlegt Kokosnuss, „eigentlich keine schlechte Idee."
20 Zelten und Lagerfeuer auf der Schildkröteninsel!

Sofort rennt er zu seiner Freundin Matilda.
Und weil dem kleinen
25 Stachelschwein haargenauso langweilig ist wie ihm, packen die beiden ein paar Sachen zusammen, beladen das Floß, hissen das Segel und stechen in See.

30 Der Wind treibt das kleine Floß schnell auf das offene Meer hinaus. Kokosnuss bindet sich ein Tuch um den Kopf, schwingt sein Holzschwert und ruft:
35 „Ha, ich bin der Schlimme Jim!"

„Ha!", schreit Matilda.
„Ich bin Narbennasen-Norbert. Der ist viel gefährlicher!"
„Der Schlimme Jim ist der
40 schlimmste Pirat der sieben Weltmeere", entgegnet Kokosnuss.
„Schlimmer geht's nicht!"
„Oho! Narbennasen-Norbert ist der fieseste Pirat im ganzen
45 Universum!
Und gleich hast du Ohren lang wie Seegurken!"

Plötzlich aber stutzt Matilda: „Sieh mal, da hinten! Ist das ein Schiff?"
50 Kokosnuss blickt durch sein Fernrohr: „Au Backe! Echte Piraten!"
„Haha, toller Witz! Ich lach mich schief", sagt Matilda und schnappt
55 sich das Fernrohr.
„Heiliges Kanonenrohr, das sind ja wirklich Piraten! Die kommen direkt auf uns zu!"

Ingo Siegner

🟥 Lest den Text mit verteilten Rollen.

Im Sommer

Auf zur Piraten-Party!

Feiert ein Sommerfest und verkleidet euch
als Piratenbräute und Piraten. Nutzt die Ideen auf dieser Seite.

Ab über die Planke!
Piraten waren harte Gesellen.
Ihre Gefangenen, die sich nicht freikaufen konnten,
ließen sie mit verbundenen Augen über die Planke gehen.
In diesem Spiel ist es ganz anders.
Hier helfen sich die Piraten.
Ein Spieler muss mit verbundenen Augen über ein
schmales Brett oder eine Turnbank balancieren.
Die anderen Kinder führen ihn so, dass er nicht
ins Wasser fällt!
Wer am längsten oben bleibt, hat gewonnen.

Piraten-Burger

1 Vollkornbrötchen zerschneiden
und mit 3 Gurkenscheiben,
einer Scheibe Schnittkäse,
einer Scheibe magerem Schinken
und 2 Tomatenscheiben belegen.

■ Schreibe die Textarten auf Papierstreifen.
Ordne sie den Texten zu.

Spielanleitung   Rezept

unterschiedliche Sorten von Sach- und Gebrauchstexten kennen

Freundeseite Im Sommer

Ferienfundstücke

Sicher werdet ihr in den Ferien viel erleben –
vielleicht auf einem Bauernhof,
mit euren Freundinnen und Freunden
zu Hause, bei den Großeltern,
auf einer Urlaubsreise ins Gebirge oder …
Damit ihr eure Ferienerlebnisse nicht vergesst,
ist es gut, wenn ihr Dinge sammelt,
die euch auch noch später an etwas Schönes,
Interessantes, Lustiges oder Spannendes
in den Ferien erinnern. Das kann eine Feder,
eine Muschel, eine Eintrittskarte oder … sein.
Bringt jeweils ein solches Fundstück mit.
Legt es in den ersten Schultagen
der Klasse 3 in eure Ferienkiste.
Sicher gibt es dazu
viel zu fragen
und zu erzählen.

■ Sammle in den Ferien etwas, das dich auch später an ein besonderes Sommererlebnis erinnert.

Fachbegriffe (Glossar):

die Autorin/der Autor: Eine Autorin/ Ein Autor schreibt Texte, z.B. für Bücher oder für Zeitungen.

das Elfchen: Elfchen sind → Gedichte, die aus elf Wörtern in fünf Zeilen bestehen: 1. Zeile, ein Wort = eine Farbe; 2. Zeile, zwei Wörter = etwas, was diese Farbe hat; 3. Zeile, drei Wörter = wo es ist; 4. Zeile, vier Wörter = noch etwas mehr erzählen; 5. Zeile, ein Wort = ein abschließendes Wort

das Gedicht: Gedichte sind kleine Kunstwerke aus Wörtern. Meist sind sie in kurzen Zeilen (→ Versen) geschrieben. Oft reimen sich Gedichte.

die Geschichte: Geschichten erzählen etwas, was wirklich geschehen ist oder was sich jemand ausgedacht hat.

die Legende: Eine Legende ist eine Geschichte über das Leben der Heiligen, die mit Gottes Hilfe Wunder vollbringen. Diese Heiligen werden vorbildlich und gottesgefällig dargestellt, um die Leser oder Hörer zu belehren.

das Märchen: Märchen sind besondere → Geschichten, die früher nur mündlich weitergegeben wurden. Viele Märchen beginnen mit „Es war einmal". Im Märchen ereignen sich wunderbare Dinge, die in der Wirklichkeit nicht passieren können. Es kommen merkwürdige Wesen, wie z.B. Hexen und Feen, Riesen und Zwerge oder sprechende Tiere, vor.

der Reim: Als Reim bezeichnet man gleich klingende Enden von zwei → Versen (Endreim).

der Sachtext: Sachtexte informieren über Dinge, Ereignisse oder Zusammenhänge, die es wirklich gibt oder gegeben hat.

die Strophe: → Gedichte und Lieder haben meist mehrere Strophen. Eine Strophe besteht aus Zeilen (→ Versen), die sich oft reimen.

der Titel: Ein Titel ist der Name eines Buches (Buchtitel). Auch Filme haben einen Titel.

der Verlag: Im Buchverlag werden Bücher entwickelt. Im Zeitschriftenverlag werden Zeitschriften entwickelt.

der Vers: eine Reihe nebeneinander stehender Wörter sind eine Zeile; man nennt sie in einem Gedicht Vers.

Lösungen von den Magazinseiten

24/25 nicht in den Schulranzen gehört: Spielzeugauto; Was bleibt übrig? ... Wörter füllern; Kuckuckseier: Buntspechte, Wale, rudern, Beete

34/35 versteckte Tiere: Maus, Laus, Igel; Obstsalat: Äpfel, Birnen, Nüsse, Pflaumen, Trauben

56/57 Puppe, Buch, Blumen, Rasenmäher; Neue Adresse: Sackgasse; 8 Familienmitglieder: Bruder, Cousin, Mutter, Nichte, Onkel, Schwester, Tante, Vater; Knobelei: Micha wird heute 8 Jahre alt.

70/71 Märchen: Rotkäppchen; Dornröschen: Apfel, Spiegel; Der Teufel mit den 3 goldenen Haaren

82/83 4 Tiere: Wildschwein, Hase, Vogel, Reh; falsche Wörter: Jammer, Jaguar, Jacken; Nicht zur Weihnachtszeit: Osterhase, Wespe; Das gibt es nicht: Adventssee, Weihnachtsschleim, Nikolaustanne

98/99 Toms Freund: Nr. 3; Pippi Langstrumpf, Thomas und Annika; Max und Moritz; Das Sams und Herr Taschenbier; Die wilden Kerle; Jim Knopf und Lukas, der Lokomotivführer; Knobelei: Der Zug hat 7 Waggons; Scherzfrage: Apfelmus

112/113 1: Schneeglöckchen, 2: Veilchen, 3: Kuckuck, 4: Löwenzahn, 5: Weidenkätzchen, 6: Schlüsselblume, 7: Storch, 8: Ei; Faule Eier: Eistüte, Frühlingsbluse, Ostsee; Ei Ei: 1b, 2d, 3a, 4c

128/129 Tierische Füße: 1: Elefant, 2: Ente, 3: Zebra. 4: Löwe; Sch**lamm**, **B**eule, **K**affee, **Z**ebrastreifen, **R**ente, Blumen**strauß**, Somme**rab**end, **Lesel**ampe; Lösungswort: PRIMA; Knobelei: Lolo ist am größten. Scherzfragen: Das L. Der Angsthase; Tiere: Vögel, Käfer, Raupen, Spinnen, Mäuse

140/141 Länder: Frankreich, Polen, Russland, Schweden, Türkei, Ungarn, Verdrehtes Buchstabenmenü: Nudelsuppe, Gurkensalat, Himbeeren; Brot: 1d, 2e, 3b, 4c, 5a

156/157 Wer ist wer?: 1c, 2b, 3d, 4a, 5e, 6f; Was stimmt?: 1b, 2c, 3a; Wahr oder gelogen? Lösungswort: MOWGLI; 1b, 2c, 3a

166/167 Zauberspruch: weh, Zeh, -ohr, her; Gespenstereier: Geheimniskiste, Himbeeren, Mondschein; Wahr oder gelogen? Lösungswort: GEIST; Was gehört zusammen? 1d, 2c, 3b, 4a; Gespensterfest: Fledermaussalat, Hexensuppe, Vampirpudding, Monsterspagetti, Spinnenmarmelade, Gespensterkuchen, Spukkekse, Hexeneis

182/183 Eissorten: Vanille, Erdbeere, Schokolade, Banane, Zitrone, Waldmeister, Stracciatella; 1b, 2a, 3b, 4b; Kuckuckseier: Sonnenblume, Eierbecher, Bandwurm; Knobelei: Familie Maier macht vier Pausen.

Inhalt nach dem Abc

A
- 28 Abc-Reime
- 14 Abzählreime
- 54 Alltagsmutter – Sonntagsvater
- 165 Angst geh weg!
- 161 Angst haben
- 52 Anna und das Baby
- 119 Auf der Erde neben mir
- 185 Auf zur Piraten-Party!

B
- 79 Beobachtung
- 44 Blätterfall

D
- 116 Das Geburtstagsgeschenk
- 175 Das Gewitter
- 122 Das Kaninchen
- 60 Deckst du mich abends zu …
- 56 Der Bauklotz
- 65 Der goldene Schlüssel
- 40 Der Igel
- 38 Der kleine Siebenschläfer
- 59 Der Lehnstuhl
- 95 Der Rollstuhl
- 177 Der Sommer
- 22 Der Weg zur Schule
- 178 Die Delfine
- 79 Die drei Spatzen
- 80 Die Geschichte vom beschenkten Nikolaus
- 66 Die große Rübe
- 169 Die häufigsten Gespensterarten
- 48 Die Kinder aus der Krachmacherstraße
- 42 Die Legende vom heiligen Martin
- 181 Die Luftmatratze
- 88 Die Mutprobe
- 90 Die Sonne kitzelt schon unter der Mütze
- 45 Die Sonntagmorgenmeise
- 108 Die Tulpe
- 84 Die Weihnachtsgeschichte
- 85 Die Weihnachtsgeschichte im Kamishibai
- 136 Die Welt der Sprachen
- 113 Dies Haus
- 146 Domino – ein Spiel geht um die Welt
- 159 Drehbücherei: Alles dreht sich um dieses Buch

E
- 181 ebbe/flut
- 160 Ein Abc voller Bücher
- 132 Ein Gespräch
- 127 Ein Hundegeschenk
- 172 Ein süßes Gespenst
- 16 Ein Yak mit Axt
- 18 Eine Buchstabenrolle basteln

- 173 Eine Lerche
- 13 Eine Quatschgeschichte
- 139 Essen anderswo – zum Beispiel in Japan

F
- 51 Familien
- 15 Fang-Spiele in der Pause
- 186 Ferienfundstücke
- 168 Flusi, das Sockenmonster
- 124 Fragen an Katzenkenner
- 180 Fremde Worte
- 107 Frühling
- 105 Frühling ist dann …
- 109 Frühlingsboten
- 125 Für Katzenliebhaber

G
- 20 Gemeinsam sind wir Klasse!
- 164 Gespensterjäger auf eisiger Spur
- 175 Gewitter
- 179 Gibt es in der Nordsee Delfine?
- 142 Gute Freunde

H
- 99 Hallo, t!
- 61 Hänsel und Gretel
- 29 Herbst
- 44 Herbstblätter-Gedichte
- 37 Herbst-Elfchen
- 30 Herbstlied
- 26 Hexe Lilli zaubert Hausaufgaben

I
- 7 Ich …
- 93 Ich bin ein Wunder
- 43 Ich geh mit meiner Laterne
- 118 „Ich hab dich lieb"-Tage im Frühling
- 151 Ich höre, sehe, lese gern …
- 94 Ich kann was Tolles
- 180 Idiotische Spiele
- 72 Im Haus der Großmutter
- 10 Immer länger …
- 152 In der Bibliothek
- 12 In der Kuchenfabrik
- 123 Inga

J
- 23 Jakob und der große Junge
- 53 Jetzt hol ich mir einen neuen Bruder

K
- 124 Katzensprache
- 111 Kleine Ostergeschenke
- 130 Kleine Tiere

L
- 104 Leicht und schwer

189

134	Lesetraining: Bei uns und anderswo ◐ Informationen in Druck- und elektronischen Medien suchen		**N**
		55	Nach einem Streit
		32	Nasenküsse
92	Lesetraining: Das tut mir gut ◐ eigene Gedanken zu Texten entwickeln, zu Texten Stellung nehmen und mit anderen über Texte sprechen	138	Neuigkeiten aus aller Welt
		87	Neujahr
		27	Nicht vergessen: Hausaufgaben
		147	Nimm ein Buch
		63	November
106	Lesetraining: Im Frühling ◐ Geschichten, Gedichte und Dialoge vortragen, auch auswendig		**O**
		110	Ostermorgen
			P
30	Lesetraining: Im Herbst ◐ selbst gewählte Texte zum Vorlesen vorbereiten und sinngestaltend vorlesen	184	Piraten
		68	Prinzessin auf der Erbse
			R
		73	Rotkäppchen
174	Lesetraining: Im Sommer ◐ Unterschiede und Gemeinsamkeiten von Texten finden		**S**
		97	Sandkastenfreunde
78	Lesetraining: Im Winter ◐ Erzähltexte, lyrische und szenische Texte kennen und unterscheiden	33	Schnupfengefahr
		32	Schnupfenzeit
		100	Sinan und Felix
148	Lesetraining: In der Bibliothek ◐ die eigene Leseerfahrung beschreiben und einschätzen	117	So ein verrückter Tag
		177	Sommerlied
8	Lesetraining: In der Schule ◐ Texte genau lesen	145	Spiele rund um die Welt
		150	Steckbrief
62	Lesetraining: Märchenzeit ◐ lebendige Vorstellungen beim Lesen und Hören literarischer Texte entwickeln	114	Störche
		170	Stundenplan
		11	Suchmeldungen
120	Lesetraining: Mit Tieren leben ◐ Texte mit eigenen Worten wiedergeben		**T**
		144	Tiere in Tansania
46	Lesetraining: Miteinander leben ◐ Aussagen mit Textstellen belegen	154	Tim entdeckt Finn McCool
		176	Trarira, der Sommer, der ist da!
			U
162	Lesetraining: Unheimliches und Spannendes ◐ ein Kinderbuch selbst auswählen und vorstellen	25	u oder n?
			V
149	Lesevorlieben	31	Vogelabschied
58	Liebste Mecker-Oma	74	Vom dicken, fetten Pfannkuchen
115	„Live" im Storchennest	102	Vom Streiten und Dröhnen und schönen Sichversöhnen
163	Luno und der blaue Planet		
	M	47	Von wegen süß!
140	Magazin: Bei uns und anderswo	158	Vorlesezeit
98	Magazin: Das tut mir gut		**W**
112	Magazin: Im Frühling	96	Wann Freunde wichtig sind
34	Magazin: Im Herbst	36	Was der Nebel fertigbringt
182	Magazin: Im Sommer	133	Was ich dir wünsch?
82	Magazin: Im Winter	17	Wenn das M nicht wär erfunden
156	Magazin: In der Bibliothek	77	Wenn es schneit
24	Magazin: In der Schule	135	Wie Menschen wohnen – überall auf der Welt
70	Magazin: Märchenzeit	121	Wie pflegen Nagetiere ihr Gebiss?
128	Magazin: Mit Tieren leben	91	Wir
56	Magazin: Miteinander leben	137	Wir verstehen uns alle sehr gut
166	Magazin: Unheimliches und Spannendes	86	Wünsche zum neuen Jahr
50	Manches ist bei Paule anders		**Z**
76	Märchen-Adressen	166	Zauberspruch
69	Märchen-Lesekiste: Prinzessin auf der Erbse	9	Zirkus-Schule
64	Märchen-Reime		
126	Matthias		
41	Mehr über den Igel		
28	Mein Abc-Reim		
53	Meine Schwester und ich		

Verfasser- und Quellenverzeichnis

S. 68 **Andersen, Hans Christian**: Prinzessin auf der Erbse (geändert, gekürzt). Aus: Sämtliche Märchen und Geschichten. Leipzig: Gustav Kiepenheuer Verlag 1985

S. 9 **Andresen, Ute**: Zirkuskinder (gekürzt). Aus: Eva Maria Blühm: ABC und alles auf der Welt. Weinheim – Basel. Beltz Verlag 1984

S. 102 **Anger-Schmidt, Gerda**: Vom Streiten und Dröhnen und vom schönen Sichversöhnen. Aus: Sei nicht sauer, meine Süße! Düsseldorf: Sauerländer Verlag 2009

S. 36 **Baumann, Hans**: Was der Nebel fertigbringt. Aus: Wer Flügel hat, kann fliegen. Hundert Gedichte für Kinder. Reutlingen: Verlag Ensslin & Laiblin 1966. © Elisabeth Baumann, Murnau

S. 169 **Blank, Hajo**: Die häufigsten Gespensterarten. Aus: Vorsicht, Geisterstunde! Münster: Coppenrath Verlag 1998

S. 50 **Boie, Kirsten**: Manches ist bei Paule anders. Aus: Paule ist ein Glücksgriff. Hamburg: Verlag Friedrich Oetinger 1985

S. 63 **Borchers, Elisabeth**: November. Aus: Hans-Joachim Gelberg (Hrsg.): Großer Ozean. Weinheim-Basel: Beltz Verlag 2000, Programm Beltz und Gelberg

S. 133 Was ich dir wünsch'? Aus: Geburtstagsbuch für Kinder. Frankfurt am Main: Insel Verlag 1982

S. 168 **Brändle, Bine**: Flusi, das Sockenmonster. Ravensburg: Ravensburger Buchverlag Otto Maier 2006

S. 109 **Brecht, Bertolt**: Veilchen. Aus: Alfabet, Gesammelte Werke in 20 Bänden, Band 9, S. 514, Frankfurt am Main: Suhrkamp 1967

S. 16 **Budde, Nadia**: Ein Yak mit Axt (Titel hinzugefügt, Auszug). Aus: Trauriger Tiger toastet Tomaten. Wuppertal: Peter Hammer Verlag 2006

S. 31 **Bull, Bruno Horst**: Vogelabschied. Aus: Ute Andresen (Hrsg.): Im Mondlicht wächst das Gras. Ravensburg: Ravensburger Buchverlag Otto Maier, 1991

S. 29 **Bydlinski, Georg**: Herbst.

S. 96 Wann Freunde wichtig sind. Aus: Wolf Harranth, Christine Sormann (Hrsg.): Im Pfirsich wohnt der Pfirsichkern. Mödling-Wien: Verlag St. Gabriel 1994

S. 100 **Çelik, Aygen-Sibel**: Sinan und Felix. Wien: Annette Betz Verlag 2007

S. 154 **Colfer, Eoin**: Tim entdeckt Finn McCool (Titel hinzugefügt, Auszug, gekürzt). Deutsch von Brigitte Jakobeit. Weinheim-Basel: Beltz-Verlag 2009, Programm Beltz und Gelberg

S. 177 **Cratzius, Barbara**: Sommerlied. Aus: Ich gehe in den Kindergarten. München: Heinrich Ellermann Verlag 1995

S. 22 **Fallersleben, Heinrich Hoffmann von**: Der Weg zur Schule. Aus: Reime-Gedichte-Geschichten für den Kindergarten. Berlin: Volk und Wissen Verlag 1974

S. 44 **Fritzke, Erna**: Blätterfall. Aus: Aus: Hans-Otto Tiede (Hrsg.): Sieben Blumensträuße. Reime und Gedichte für den Kindergarten. Berlin: Volk und Wissen Verlag, 5. Auflage 1989

S. 12 **Fühmann, Franz**: In der Kuchenfabrik. Aus: Die dampfenden Hälse der Pferde im Turm von Babel. Berlin: Middelhauve Verlag für Der Kinderbuchverlag 1978

S. 180 **Funke, Cornelia**: Fremde Worte (Auszug, gekürzt). Aus: Das Superleselöwengeschichtenbuch. Bindlach: Loewe Verlag 2000

S. 164 Gespensterjäger auf eisiger Spur (Auszug, gekürzt). Bindlach: Loewe Verlag 2009

S. 65 **Grimm, Jacob und Wilhelm**: Der goldene Schlüssel.

S. 72 Im Haus der Großmutter (Titel hinzugefügt, geändert). Aus: Kinder- und Hausmärchen (Rotkäppchen). Berlin: Verlag Neues Leben 1985

S. 64 Märchen-Reime (Titel hinzugefügt). Aus: Die Kinder- und Hausmärchen der Brüder Grimm. Berlin: Middelhauve Verlag für Der Kinderbuchverlag 1963

S. 123 **Grömminger, Arnold**: Inga. Aus: Fächerverbindende Themen für das 1. und 2. Schuljahr, Reihe Unterrichtsideen. Leipzig: Ernst Klett Grundschulverlag 1995

S. 181 **Grosche, Erwin**: Die Luftmatratze. Aus: König bin ich gerne. München: Omnibus/cbj 2006

S. 76 Märchen-Adressen. Aus: Hans-Joachim Gelberg (Hrsg.): Oder die Entdeckung der Welt. Weinheim-Basel: Beltz Verlag 1997, Programm Beltz und Gelberg

S. 113 **Guggenmos, Josef**: Auf ein Osterei zu schreiben (ohne Titel).

S. 108 Die Tulpe. Aus: Was denkt die Maus am Donnerstag? Weinheim-Basel: Beltz und Gelberg in der Verlagsgruppe Beltz 1998

S. 44 Im Oktober. Aus: Groß ist die Welt. Weinheim-Basel: Beltz Verlag 2006, Programm Beltz und Gelberg

S. 147 **Harranth, Wolf**: Nimm ein Buch. Aus: Hans-Joachim Gelberg (Hrsg.): Überall und neben dir. Gedichte für Kinder. Weinheim-Basel: Beltz Verlag 1993, Programm Beltz und Gelberg

S. 118 **Härtling, Peter**: Ich schreib auf diese Seite. Aus: Joachim Fuhrmann (Hrsg.): Sprüche fürs Poesiealbum. Reinbek bei Hamburg: Rowohlt 1981

S. 20 **Huainigg, Franz-Joseph**: Gemeinsam sind wir Klasse (gekürzt). Wien, München: Annette Betz Verlag im Verlag Carl Ueberreuther 2007

S. 77 **Janisch, Heinz**: Wenn es schneit. Aus: Ich schenk dir einen Ton aus meinem Saxofon. Wien: Jungbrunnen 1999

S. 109 **Janosch**: Der Frühling. Aus: Die Maus hat rote Strümpfe an – Janosch's bunte Bilderwelt. Weinheim-Basel: Beltz Verlag 1997, Programm Beltz und Gelberg

S. 117 **Jooß, Erich**: So ein verrückter Tag. Aus: Hans Gärtner (Hrsg.): Jetzt fängt das schöne Frühjahr an. Gütersloh: Gütersloher Verlagshaus 1988

S. 109 **Kahlau, Heinz**: Die Glockenblume. Aus: Der Rittersporn blüht blau im Korn. Weinheim-Basel: Der Kinderbuchverlag in der Verlagsgruppe Beltz 2009

S. 142 **Kilaka, John**: Gute Freunde (gekürzt). Stolberg: Atlantis Verlag 2004

S. 95 **Klare, Margaret**: Der Rollstuhl. Aus: Hans-Joachim Gelberg (Hrsg.): Oder die Entdeckung der Welt. Weinheim-Basel: Beltz Verlag 1997, Programm Beltz und Gelberg

S. 165 **KNISTER**: Angst geh weg! Aus: Rosemarie Portmann (Hrsg.): Mut tut gut. Würzburg: Arena Verlag 1994

S. 26 Hexe Lilli zaubert Hausaufgaben (Auszug, gekürzt). Würzburg: Edition Bücherbär im Arena Verlag, 16. Auflage 1999

S. 32 Schnupfenzeit. Aus: Hatschi, Das KunterBunteSchnupfen-NasenBuch. Würzburg: Arena Verlag 1990

S. 93 **Kordon, Klaus**: Ich bin ein Wunder. Aus: Hans-Joachim Gelberg (Hrsg.): Das achte Weltwunder. Weinheim-Basel: Beltz Verlag 1979, Programm Beltz und Gelberg

S. 79 **Kruse, Max**: Beobachtung. Aus: Hans-Joachim Gelberg (Hrsg.): Überall und neben dir. Weinheim-Basel: Beltz Verlag 1986, Programm Beltz und Gelberg

S. 166 Zauberspruch. Aus: Ute Andresen (Hrsg.): Im Mondlicht wächst das Gras. Ravensburg: Ravensburger Buchverlag Otto Maier 1991

S. 17 **Krüss, James**: Wenn das M nicht wär' erfunden. Aus: Bienchen, Trinchen, Karolinchen. Erlangen: Boje Verlag 1968

S. 45 **Kunze, Reiner**: Die Sonntagmorgenmeise. Aus: Wohin der Schlaf sich schlafen legt. Gedichte für Kinder. Frankfurt am Main: S. Fischer 1991

S. 175 **Lindemann, Werner**: Gewitter. Aus: Hans-Otto Tiede (Hrsg.): Sieben Blumensträuße. Reime und Gedichte für den Kindergarten. Berlin: Volk und Wissen Verlag, 5. Auflage 1989

S. 110 Ostermorgen. Aus: Aus dem Drispether Bauernhaus. Berlin: Edition Holz für Der Kinderbuchverlag 1981

S. 48 **Lindgren, Astrid**: Die Kinder aus der Krachmacherstraße (Auszug, gekürzt). Deutsch von Thyra Dohrenburg. Hamburg: Verlag Friedrich Oetinger 1992

S. 94 **Löwe, Leo**: Ich kann was Tolles. Und was kannst du? (Auszug). Witzenhausen: Grätz Verlag 1995

S. 132 **Maar, Paul**: Ein Gespräch. Aus: Jaguar und Neinguar. Hamburg: Verlag Friedrich Oetinger 2007

S. 99 Hallo, t! (Titel hinzugefügt) Aus: Kreuz und Rüben, Kraut und quer. Hamburg: Verlag Friedrich Oetinger 2004

S. 23 Jakob und der große Junge (Auszug, gekürzt). Hamburg: Verlag Friedrich Oetinger 2001

S. 25 u oder n? (Titel hinzugefügt) Aus: Kreuz und Rüben, Kraut und quer. Hamburg: Verlag Friedrich Oetinger 2004

S. 52 **Mai, Manfred**: Anna und das Baby (Auszug). Ravensburg: Ravensburger Buchverlag Otto Maier 1991

S. 104 Leicht und schwer. Aus: Rosemarie Portmann (Hrsg.): Trau dich was. Würzburg: Arena Verlag 2000

S. 73 Rotkäppchen. Aus: 111 Minutengeschichten. Ravensburg, Ravensburger Buchverlag Otto Maier 1991

S. 79 **Morgenstern, Christian**: Die drei Spatzen. Gesammelte Werke. München, Piper 1965

S. 59 **Moser, Erwin**: Der Lehnstuhl. Aus: Das große Fabulierbuch. Weinheim-Basel: Beltz Verlag 1995, Programm Beltz und Gelberg

S. 163 **Nahrgang, Frauke**: Luno und der blaue Planet (Auszug, gekürzt). Würzburg: Arena Verlag 2000

S. 54 **Nitsch, Cornelia**: Alltagsmutter – Sonntagsvater (gekürzt). Aus: Bald ist alles wieder gut. Vorlesegeschichten zum Trösten und Mutmachen. München: Mosaik Verlag/Random House 1996

S. 116 **Nordqvist, Sven**: Das Geburtstagsgeschenk (Titel hinzugefügt, gekürzt). Aus: Mit Findus durchs ganze Jahr. Deutsch von Angelika Kutsch. Hamburg: Verlag Friedrich Oetinger 1999

S. 107 **Nöstlinger, Christine**: Frühling. Aus: Der Frühling kommt. Hannover: Schroedel Verlag 1972

S. 47 **Obrecht, Bettina**: Von wegen süß! (Auszug, gekürzt) München: Deutscher Taschenbuch Verlag 2002

S. 53 **Raab, Brigitte**: Jetzt hol ich mir einen neuen Bruder (Auszug, gekürzt, Überschrift hinzugefügt). Aus: Jetzt hol ich mir eine neue Mama. Hamburg: Verlag Friedrich Oetinger 2007

S. 170 **Radel, Jutta**: Vampire und Gespenster (Auszug). Würzburg: Arena Verlag 1993

S. 88 **Rahn, Sabine**: Die Mutprobe. Aus: Kleine Wintergeschichten (gekürzt). München: Ars Edition 1998

S. 38 **Riha, Susanne**: Der kleine Siebenschläfer (Auszug). Wien/München: Annette Betz Verlag im Verlag Carl Ueberreuter 1988

S. 118 **Ringelnatz, Joachim**: Ich hab dich so lieb. Aus: Gesammelte Werke. Berlin: Henssel Verlag 1984

S. 57 **Röckener, Andreas**: Neue Adresse. Aus: Drudel für Denker. München: Bertelsmann 2001

S. 126 **Ruck-Pauquèt, Gina**: Matthias. Aus: Rosemarie Portmann (Hrsg.): Mut tut gut. Würzburg: Arena Verlag 1994

S. 90 **Saalmann, Günter**: Die Sonne kitzelt schon … Aus: Der Räuber schwingt das Buttermesser. Berlin: Der Kinderbuchverlag 1980

S. 30 **Salis-Seewis, Freiherr Johann Gaudenz von**: Herbstlied. Aus: Gedichte. Gesammelt durch seinen Freund Friedrich Matthisson. Zürich: Orell und Füssli 1797

S. 53 **Schwarz, Regina**: Meine Schwester und ich.

S. 55 Nach einem Streit. Aus: Hans-Joachim Gelberg (Hrsg.): Überall und neben dir, Gedichte für Kinder. Weinheim-Basel: Beltz Verlag 1993, Programm Beltz und Gelberg

S. 80 **Schweiggert, Alfons**: Die Geschichte vom beschenkten Nikolaus. Aus: Anne Braun (Hrsg.): Weihnachtsgeschichten. Würzburg: Benziger Edition 1991

S. 87 Neujahr. © Rechte beim Autor

S. 184 **Siegner, Ingo**: Piraten (Auszug, gekürzt, Titel hinzugefügt). Aus: Der kleine Drache Kokosnuss und die wilden Piraten. München: cbj 2008

S. 60 **Sommer-Bodenberg, Angela**: Deckst du mich abends zu. Aus: Ich lieb dich trotzdem immer. Köln: Middelhauve Verlag 1987

S. 91 **Steinwart, Anne**: Wir. Aus: Tausendfüßler lässt schön grüßen!, Carlsen Verlag, Hamburg 1990. © Rechte beim Autor

S. 178 **Stewner, Tanya**: Die Delfine (Auszug, gekürzt, Titel hinzugefügt). Aus: Liliane Susewind – Delphine in Seenot. Frankfurt am Main: Fischer Schatzinsel 2008

S. 13 **Stiemert, Elisabeth**: Eine Quatschgeschichte. Aus: Angeführt! Angeführt! Oldenburg und Hamburg: Stalling-Verlag, 1979

S. 109 **Storm, Theodor**: Schneeglöckchen. Aus: Gottfried Hohnefelder (Hrsg.): Gedichte. Frankfurt am Main: Insel Verlag 1983

S. 124 **Thabet, Edith; Dreyer, Sabine**: Katzensprache. Aus: Alles für die Katz'! Esslingen: Esslinger Verlag 1993

S. 180 **Tollmien, Cordula**: Idiotische Spiele (Auszug, gekürzt). Aus: Das Superleselöwengeschichtenbuch. Bindlach: Loewe Verlag 2000

S. 181 **Ulrichs, Timm**: ebbe/flut. Aus: Eugen Gomringer (Hrsg.): Konkrete Poesie. Stuttgart: Reclam 1972

S. 175 **Weinhold, Angela**: Wieso? Weshalb? Warum? Unser Wetter (Auszug, gekürzt). Ravensburg: Ravensburger Buchverlag Otto Maier 2000

S. 119 **Wittkamp, Frantz**: Auf der Erde neben mir. Aus: Hans-Joachim Gelberg (Hrsg.): Die Erde ist mein Haus. Weinheim-Basel: Beltz Verlag 1988, Programm Beltz und Gelberg

S. 58 **Zöller, Elisabeth**: Liebste Mecker-Oma. Aus: Kleine Omageschichten. München: Ars Edition 1986

S. 32 **Zuckowski, Rolf**: Nasenküsse. Aus: Bunte Liedergeschichten. Hildesheim: Gerstenberg Verlag 1996

S. 97 Der Bunte Hund, November 2007, S. 8

S. 66 Die große Rübe. Nach einem russischen Volksmärchen. Aus: Reime-Gedichte-Geschichten für den Kindergarten. Berlin: Volk und Wissen Verlag 1974

S. 148 Drehbücherei. Aus: http://bildungsserver.berlin-brandenburg.de/1297

S. 159 html

S. 124 Fragen an Katzenkenner. Aus: Birgit Lechtermann (Hrsg.): Warum? Warum? Hamburg: BILD 1999

S. 130 Kleine Tiere auf der Wiese (Titel hinzugefügt). Aus: Kleine Tiere; Reihe: Der Guckkasten. Hamburg: Saatkornverlag, 1989, © by De Ruiter, Gorinchem, Niederlande

S. 145 UNICEF: Spiele rund um die Welt. Nur als PDF-Datei: http://www.unicef.de/fileadmin/content_media/mediathek/Spiele_rund_um_die_Welt_2009.pdf

S. 74 Vom dicken, fetten Pfannkuchen. Deutsches Volksmärchen. Aus: In der zweiten Klasse. Berlin/Leipzig: Volk und Wissen Verlag 1950

Bildquellen
S. 9/1 Martin Egbert, Ibbenbüren;/2 picture-alliance/dpa/Federico Gambarini; S. 16 Nina Budde: Trauriger Tiger toastet Tomaten, Hammer Verlag 2002; S. 18/19 Cornelsen Verlag/Peter Hartmann, Mirjam Löwen; S. 20/21 Franz-Joeph Huainigg: Gemeinsam sind wir Klasse. Wien, München: Annette Betz Verlag im Verlag Carl Ueberreuther 2007; S. 24 Cornelsen Verlag/Peter Hartmann (Anspitzer, Federtasche, Heft); Fotolia/jumo.kd (Matchbox-Lkw), Mirjam Löwen, Mittweida (Schnellhefter, Brotdose, Füller, Schere); S. 38/39 Susann Riha: Der kleine Siebenschläfer (Auszug). Wien/München: Annette Betz Verlag im Verlag Carl Ueberreuter 1988; S. 41/1 Susann Brinek-Rumpf, Anzenhausen;/2, 3 Fotolia/Alexej Khromushin; Martin; S. 42/3 epd/Bild; St. Martin und der Bettler. Aus: Weihnachten im Kindergarten. Lahr: Edition Kemper im Verlag Ernst Kaufmann 1981; S. 43 Jürgen Christ/Freelens Pool; S. 44 Andy Goldsworthy (GB): Herbstblätter/England, 1987; S. 48/49 Ilon Wigland in: Astrid Lindgren: Die Kinder aus der Krachmacherstraße. Hamburg: Verlag Friedrich Oetinger 1992; S. 51 Fotolia/Monkey Business; S. 56 Uta Bettzieche nach Paul Maar: Der Bauklotz. Aus: Anna will ein Zwilling werden. Hamburg: Verlag Friedrich Oetinger 1982; S. 58 Elisabeth Zöller: Kleine Omageschichten. Berlin: Volk und Wissen Verlag 1998; S. 59 Erwin Moser: Der Lehnstuhl. © 1995 Beltz & Gelberg Verlag, Programm Beltz & Gelberg, Weinheim.; S. 68 Hans-Christian Andersen-Susanne Lothar: Prinzessin auf der Erbse. Audio-CD; Patmos 2002; S. 69 Cornelsen Verlag/Peter Hartmann; S. 70 akg-images, Berlin/Bilderbogen Rotkäppchen. Federlithographie mit Schablonenkolorierung, unbez., um 1880, Bilderbogen Nr. 2368, Verlag Robrahn & Co., Magdeburg ; S. 83 Fotolia/1 Maria P.;/2 Wolfgang Jargstorff;/3 Chista Ede;/4 Pixler;/5 epantha;/6 Wikipedia/GNU/Holger H.; S. 84 Kees de Kort: Jesus ist geboren. Deutsche Bibelgesellschaft 1967; S. 97 Fotolia/Creative Studio; S. 113 Cornelsen Verlagsarchiv (4); S. 115/1 www.storchennest.de/;/2 Fotolia/ CHG; S. 116 Sven Norqvist: Mit Findus durchs ganze Jahr. Hamburg: Verlag Friedrich Oetinger 1999; S. 122 Fotolia/Sandra Brunsch; S. 124 akg-images/Theophile Alexandre Steinlen: Ausgestreckte Katze. 1909, Farblithographie, 51 x 63 cm, Genf, Musée du Petit Palais; S. 135/1, 2, 4: Fotolia/Chrissie Shepard; Henryk Sadura; Doug Olsen;/3 Corbis/George Steinmetz; S. 137 Kinderfotos.Irene Hoppe, privat; S. 138 www.nationalgeographic-world.de/worldnews/index.php4; S. 142/143 John Kilaka aus: www.gripsgrundschule.de/img/kilaka.jpg; John Kilaka: Gute Freunde. Stolberg: Atlantis Verlag 2004; S. 144 Fotolia/1 Peter Wey;/2 Eric Isselée;/3 Xavier Marchant;/4 Andreas Edelmann;/5 Star Jumper;/6 Melissa Schalke; S. 151 Kinderlexikon: Dorling Kindersley 2009; Sven Nordqvist: Neues von Pettersson und Findus: Edel records GmbH 2003; Flohkiste 17. Februar 2003; Löwenzahn: CD-ROM: Terzio; Otfried Preußler: Das kleine Gespenst. Karussell 2008; S. 152/153 ProfilFoto Marek Lange, Berlin; S. 155 Eoin Colfer. Beltz-Verlag 2009; S. 156 Cornelsen Verlagsarchiv; Katrin Engelking in: Lindgren, Astrid. Pippi Langstrumpf. Hamburg: Verlag Friedrich Oetinger 2007; S. 158/1 picture-alliance/dpa Themendienst/Jens Schierenberg;/2 Christa Kozik: Moritz in der Litfaßsäule. Leiv Buchhandels- und Verlagsanstalt 2005;/3 Lila Prap: Warum? Bajazzo 2007; S. 162/163 Frauke Nahrgang: Luno und der blaue Planet. Arena Verlag 2000; S. 168 Bine Brändle: Ravensburger Buchverlag Otto Meier 2006; S. 176 The Bridgeman Art Library, Berlin; S. 178 Stewner, Tanya: Liliane Susewind – Delphine in Seenot. Fischer Schatzinsel 2008; S. 179 Fotolia/Kristian Sekulic